NACHBARN!

Moritz Petz

NACHBARN!

KEINER BRAUCHT SIE – JEDER HAT SIE!

Mit Illustrationen von
Jana Moskito

SCHWARZKOPF & SCHWARZKOPF

INHALT

EINE KLEINE VORGESCHICHTE

Gibt es eigentlich einen richtigen Zeitpunkt, um zu erfahren, dass einem Haus und Hof gekündigt wird? Wahrscheinlich nicht. Es ist immer irgendwie dramatisch. Ganz sicher aber gibt es besonders falsche Zeitpunkte: Ich denke da zum Beispiel an Weihnachten. Sagen wir mal, den zweiten Weihnachtsfeiertag, an dem der erweiterte Familienkreis zusammenhockt und jeder in einem der besinnlichen Momente heimlich überschlägt, wie, wann und ob er überhaupt jemals den Schuldenberg abbauen kann, den er für die Weihnachtsgeschenke angehäuft hat.

Jedenfalls war das der Tag, an dem wir von unserer Vermieterin – zugleich eine gute Freundin, bisher jedenfalls – erfuhren, dass sie uns leider, leider vor die Tür unseres Reihenhäusleins setzen müsse. Es ginge nicht anders. Sie könne da gar nichts tun und bedaure sehr. Aber überhaupt, es wäre schön mit uns gewesen. Wir wären so erfreuliche Mieter gewesen. Und es sei schon sehr, sehr schade.

Sehr schade fand ich das alles auch, während ich mich angestrengt darauf konzentrierte, nicht zu eskalieren. Geht's noch? Hätte sie damit nicht wenigstens warten können – bis Januar oder so?

Während ich mit den Zähnen knirschte (worüber sich im Januar dann mein Zahnarzt freute), bewahrte meine Frau Claudia dagegen bewundernswerte Haltung.

»Nun«, sagte sie, vielleicht nur einen Hauch unterkühlt. »Dann wissen wir ja Bescheid. Fein.«

Weil selber weiblich, erbleichte unsere Vermieterin bei diesem letzten Wort: Sie wusste sofort, was es zu bedeuten hatte. Ich glaube ja, fein ist eines der ersten Worte, die Mädchen überhaupt erlernen, und zwar in allen seinen vielfältigen phonetischen Nuancen. Wahrscheinlich üben sie sogar heimlich monatelang und feilen daran, denn vom freundlich-neutralen bis zum vernichtenden »Fein« gibt's viel auswendig zu lernen. Claudias Fein allerdings kam, während sie noch sachlich lächelte, der Explosion einer

Wasserstoffbombe gleich. Nicht einmal ich hatte diese Variante je gehört, und ich hatte selbstgewiss immer geglaubt, mich damit gut auszukennen.

Was ist man doch naiv.

Besagte Vermieterin trat daraufhin unmittelbar den Rückzug an, unter spontaner Zurücklassung eines gewaltigen Stücks Kuchen, das sie sich eben noch auf den Teller gewuchtet hatte. Das sollte in ihrem Fall eine Menge heißen. Doch offenbar ging ihr erst jetzt auf, dass Weihnachtsüberraschungen dieser Art möglicherweise die familiär-besinnliche Festtagsstimmung doch um ein Winziges trüben könnten. Während sie von Claudias »Fein« aus dem Haus geweht wurde, rang sie sich immerhin das Zugeständnis ab, »dass wir uns Zeit lassen könnten, doch leider, leider, sehr schade und ähm … tolle Zeit und – Tschüss«.

Immerhin blieb uns ihr Regenschirm als Opfergabe.

*

»Das gibt's doch nicht«, sagte Claudia nach Abzug der Restgäste zu mir. »Kann die mit so was nicht bis Januar warten oder so? Zumal, wenn's noch Zeit hat? Was versaut die uns die Feiertage? Kündigt die uns am zweiten Weihnachtsfeiertag, die ist ja schlimmer als Ebenezer Scrooge! Ich geh jetzt mal telefonieren.«

Während sie verschwand, kam unser Sohn Jan herein. In der Hand den Regenschirm unserer Noch-Vermieterin.

»Den hat sie wohl hier vergessen«, stellte er fest.

»Sieht so aus.«

Er starrte selbstvergessen auf das geblümte Regenutensil.

»Okay …«, meinte er dann langsam, während er das Ding zur Acht bog. »Ups«, fügte er zum Schluss hinzu. – Manchmal, finde ich, hat die direkte Art Jugendlicher doch auch etwas recht Erfrischendes. Übrigens wechselte er nie wieder ein Wort mit ihr, dabei hatte er schon als Kind auf ihrem Schoß gesessen.

Anschließend befasste ich mich damit, die Reste der Tafel und Tonnen an Geschenkpapier zu beseitigen, und war doch ein wenig empört, dass Claudia sich allem entzog. Allerdings ist eine plötzliche Kündigung schon ein echter Tiefschlag, und dass sie sich da erst einmal, wenigstens telefonisch, ein wenig Luft verschaffen musste, verständlich. Unsere Möglichkeiten waren außerdem gering, denn wir hatten einen sehr freundschaftlichen Mietvertrag abgeschlossen – zum einen, was die Miete selbst betraf, zum anderen, was den Punkt einer eventuellen Kündigung anging. Zu machen war da wenig bis nichts, und natürlich wusste Claudia das auch. Klar musste sie das jetzt verdauen. Also sah ich ihr ihren Rückzug nach.

Mit anderen Worten, ich hatte nicht den blassesten Schimmer, was sie in Wirklichkeit tat: nämlich, ihr gesamtes Netzwerk in Alarmbereitschaft zu versetzen und die halbe Stadt darüber zu informieren, dass wir ab sofort eine Wohnung, besser, wieder ein Reihenhaus suchten. Sie telefonierte bis spät in den Abend, derweil ich Anzeigen in der Zeitung nachschlug – natürlich erfolglos, zumal um diese Jahreszeit – und nachgrübelte, ob wir uns einen Makler leisten könnten (leider nicht) oder wen ich sonst noch mobilisieren könnte, sobald das Telefon wieder frei war. Also ohne dass ich davon wusste, schwärmte tatsächlich zu dieser Zeit bereits Claudias Armada aus, Telefondrähte glühten und potenzielle Vermieter wurden belästigt. Einer sogar, wie ich später erfuhr, auf einer Karibikkreuzfahrt, der arme Mann hatte allem Trubel entkommen wollen. Hä, hä.

Es gibt angesichts modernster Technik eben kein Entrinnen mehr. So setzte sich Claudias Schneeballsystem in Bewegung, bei dem selbst Leute nach einem Häuslein für uns suchten, die uns nicht mal kannten. Wofür ich mich an dieser Stelle aufrichtig bedanke – unbekannterweise.

Um es abzukürzen: Gegen jede Wahrscheinlichkeit und jede Wohnungsmarktlogik fanden wir in Rekordzeit eine neue Bleibe.

Weibliche Netzwerke müssen eigentlich jeden Makler schwer verbittern, sie sind natürliche Feinde. Gut, unser neues Heim war ein wenig teurer (äußerste Grenze), dafür aber auch ein bisschen größer. Und lag nur ein paar Straßen weiter. Ehrlich gesagt konnten wir es selbst kaum glauben, als wir den Vertrag unterschrieben. Zu dem Zeitpunkt wussten wir natürlich auch nicht, worauf wir uns einließen. Aber dazu kommen wir dann noch.

NUR EIN PAAR LEICHTE
SACHEN, GANZ EHRLICH!

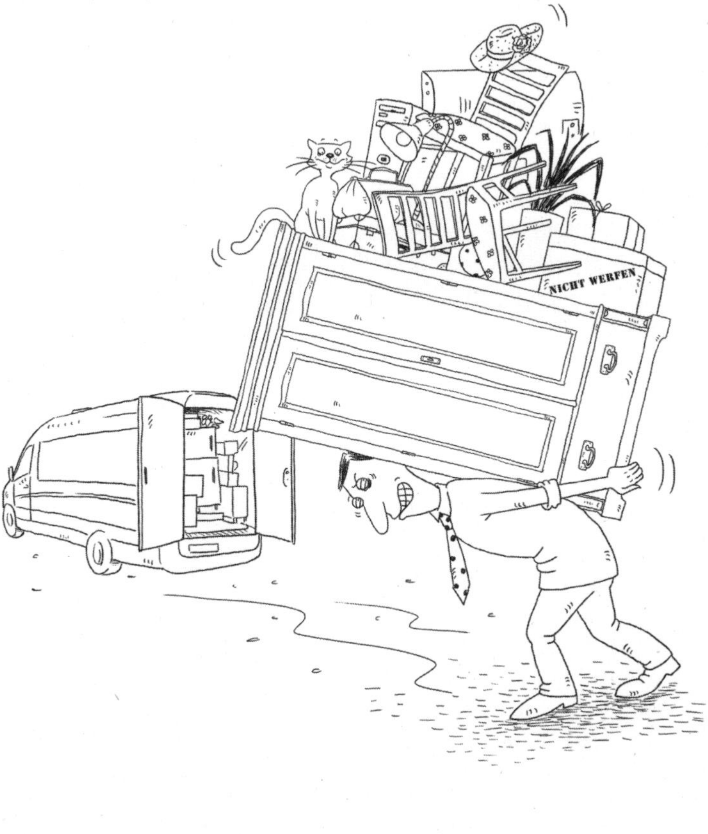

Die Planung des Umzugs erfordert natürlich einige Logistik. Jeder weiß das. Man muss strategisch vorgehen. Nicht bloß bei der Sache selbst, sondern insbesondere bei den Umzugshelfern. Es ist schließlich eine bekannte Tatsache, dass Umzüge bei Freunden, Bekannten und Verwandten zum Beispiel eine plötzliche Grippeepidemie hervorrufen können; alte und schon beinahe vergessene Rückenleiden brechen wieder aus, oder blöderweise schneien einem gerade jetzt andere, unaufschiebbare Termine herein (was einiges an Fantasie erfordert, wenn ein Umzug am Samstag stattfindet). Oft werden auch Kinder plötzlich krank und dergleichen mehr.

Dem gilt es als umziehende Familie nach Möglichkeit vorzubeugen, zum einen, indem man das ganze Ausmaß des anstehenden Ereignisses geschickt verschleiert:

»Nur ein paar leichte Schränke und Kartons, und gar nichts Schweres, ganz ehrlich!«

Zum anderen muss man zu locken verstehen: Bierkästen sind da Mittel erster Wahl, natürlich auch die sonstige Verköstigung. Da Claudia eine exzellente Köchin ist und unsere Tochter Simone in ihre Fußstapfen tritt, war das schon mal gewährleistet.

Eigentlich also verspricht man Jux und Tollerei. Ein bisschen Kirmes und freundschaftliches Zusammensein bei einer gemeinsamen bestimmt ganz friedlichen und leichten Aktion. Bloß nichts Schweres.

Natürlich gibt es dann noch diejenigen Umzugshelfer, die man als Hundertprozentige betrachtet und die auf jeden Fall zum Umzug kommen werden. Sie stehen entweder tief in der Schuld oder sie sind zu einfallslos für geschickte Ausreden. Oder sonst zu naiv. Oder eben echte Freunde.

Aber auch den Hundertprozentigen sollte man schlauerweise nur einen recht flüchtigen Blick auf das gestatten, was sie erwartet. Daran hielten wir uns auch, und trotzdem …

Na, letzten Endes erschien tatsächlich die Mehrzahl der geladenen Mulis bei uns, und die überraschenden Absagen hielten sich in erträglichen Grenzen. Überhaupt stellte sich die Truppe dann als wild entschlossen heraus, beseelt von dem Gedanken, sich angesichts der Tonnen von Zeug und Kram, Möbel, Waschmaschinen und Kartons keinesfalls unterkriegen zu lassen. Sie sahen es regelrecht sportlich, wofür wir ihnen äußerst dankbar waren. Und dann gab es auch noch die zwei, drei Helfer, mit denen man überhaupt nicht gerechnet hatte, die trotzdem erschienen und schufteten wie die Berserker. In solchen Momenten stehen einem fast schon Tränen des Glücks in den Augen. Und man fragt sich, womit man so viel Nächstenliebe eigentlich verdient hat.

*

Dann, mitten im Umzugschaos, geschah allerdings das, was mich auf dieses Buch brachte. Unsere, jetzt bereits ehemaligen, Nachbarn rückten nämlich an, um uns zu verabschieden. Damit hatten wir nicht im Entferntesten gerechnet. Eine nette Überraschung. Aber irgendetwas war da, was mich misstrauisch werden ließ. Vielleicht lag es an dem Gummibaum zum Abschied, ein Gemüse, von dem ich eigentlich angenommen hatte, dass es in den Sechzigerjahren mit den letzten Edgar-Wallace-Filmen ausgestorben war. Oder es lag an der rational kaum zu erklärenden Rührung der Familie Knecht von gegenüber?

Gerade die …

Seltsam, sehr seltsam. Okay, ihr Gummibaum-Geschenk diente wahrscheinlich nur dazu, bei dieser passenden Gelegenheit ein Hausgräuel loszuwerden und guten Gewissens auf andere abzuschieben. Aber die plötzliche, zuvor nie da gewesene überströmende Freundlichkeit? Vielleicht sollten wir sie ja einfach in guter Erinnerung behalten. Aber wenn ja, wozu? Vielleicht doch ein bisschen spät, oder?

Allerdings: Einen wirklichen Krieg hatten wir auch nie geführt, jedenfalls war er nie offiziell erklärt worden. Mit den Knechts (von denen später noch die Rede sein wird) hatten wir einfach nur durchaus spezielle Erfahrungen gemacht. Und, schon klar, es geht immer schlimmer, da waren sie noch regelrecht harmlos.

Aber trotzdem. Dieses Abschiedsgeschenk – egal, wie es gemeint war – und die offensichtliche Rührung (oder blitzte da Erleichterung auf?) brachten mich dazu, mir doch ein paar Gedanken zu machen. Vielleicht sollte man die lieben Nachbarn, so ganz allgemein, mal ein wenig unter die Lupe nehmen? Allein schon, wenn ich da an meine eigenen Erfahrungen dachte …

Außerdem: Wenn in geselligen Gesprächen das Wort »Nachbarn« fällt, geht's sofort rund. Fast jeder kann da mit seltsamen, lustigen, merkwürdigen oder manchmal auch gruseligen Geschichten aufwarten. Oder, man glaubt es kaum, sogar mit schönen Geschichten. Eigentlich also ein interessantes Thema, das man doch einmal näher verfolgen sollte. Schließlich sind Nachbarn unausweichlich, selbst auf dem Land.

Inzwischen allerdings nahm Claudia erst einmal strahlend den Knecht'schen Gummibaum in Empfang (»Fein!«), während ich die Zurückbleibenden mit dem bösartigen Hinweis tröstete, dass wir ja nicht aus der Welt wären. Nur ein paar Straßen weiter. Und während ich das nachbarschaftliche Gespräch noch ein wenig in die Länge zog und unsere Truppe unverdrossen den schon langsam in die Knie gehenden Lkw belud, fragte ich mich, wie wohl unsere neuen Nachbarn so sein würden. Wirkliche Gedanken hatte ich mir zu dem Thema bisher nicht gemacht. Wir waren einfach nur froh, ein neues Dach über dem Kopf zu haben. Aber würde es da auch eine neue Familie Knecht geben? Wie verbreitet waren die wohl?

Nun, wir würden ja sehen.

VON NACHBARN UMZINGELT

Zwei- oder dreimal im Monat pflege ich mich mit meinen Freunden Alex und Leo zu einem geselligen Abend zu treffen. Ich behielt das auch in unserem neuen Zuhause bei, obwohl Leo an unserem Umzugstag plötzlich einen enorm dramatischen therapeutischen Fall hatte, den er unmöglich im Stich lassen konnte, und Alex überraschend zu einer ungeheuer wichtigen naturwissenschaftlichen Konferenz in Timbuktu oder so ähnlich fliegen musste. Ausgerechnet an unserem Umzugswochenende! Beide versicherten mir jedoch, dass es ihnen unsäglich leidtäte, und was sonst noch so dazu gehört.

Nun ja. Männer sind da nicht so nachtragend, wir merken uns das einfach, oder nehmen es uns zumindest vor, was meist auch eine Weile klappt. Außerdem war der Umzug ja auch problemlos verlaufen. Also alles nicht wirklich dramatisch, schon gar nicht, um deswegen liebgewordene Gewohnheiten platzen zu lassen und die beleidigte Leberwurst zu spielen.

Hinzu kommt jedoch, dass so ein Abend einen ganz eigenen Nimbus hat, den man als Mann nicht aufs Spiel setzen will: Frauen etwa sind ungeheuer neugierig, was ihre Kerle da wohl durchhecheln.

Und übrigens, sie haben recht damit, so neugierig zu sein.

Es wäre wirklich ungeheuer interessant für sie zu wissen, was da abgeht. Schließlich werden da Geheimnisse flüsternd ausgetauscht. Verschwörungen geplant. Sich gegenseitig Tipps gegeben. Manchmal auch Rückendeckung, wenn's nicht gar zu unbequem ist. Man ruft Erinnerungen wach, gern auch an andere Frauen sowie an frühere, mal peinliche, mal weniger peinliche Begebenheiten. Und allein um davon zu wissen, würde manche Frau vermutlich ihren linken Arm geben – um hier und da die emotionale Schraube ein wenig anziehen oder eine treffend spitze Bemerkung machen zu können.

Also nur bei Bedarf.

Bettina etwa, Leos Frau, setzte eine Weile Himmel und Hölle in Bewegung, um wenigstens einmal dabei sein zu dürfen. Leo gab schließlich nach und schleppte sie wirklich mit. Ohne Vorwarnung. Die war aber auch nicht nötig. Nachdem wir uns an unserem üblichen Tisch niedergelassen hatten, zog Alex mit ernstem Gesicht und gemessenen Bewegungen ein Kartenspiel hervor, und im Grunde beschränkte sich unsere folgende Unterhaltung auf

»… Achtzehn …«

»… Zwanzig …«

»… Passe …«

Bettina, am Anfang noch mit aufgeregt roten Bäckchen, schlief schließlich mit dem Kopf auf dem Tisch ein, bis Leo sie weckte.

Ziel erreicht: Bettinas Vorstellung von einem Herrenabend war von uns auf diese Weise nachhaltig geprägt als die so ziemlich ödeste Veranstaltung unter der Sonne.

Claudia erging es übrigens auch nicht besser. Nur, dass wir uns in ihrem Fall vom Wirt ein Mühlespiel ausliehen. Und nicht einmal sie hat je wieder nachgefragt, was denn so brennend Interessantes an unseren Herrenabenden stattfinde oder worüber wir redeten. Tarnung ist eben alles. Und sollte Alex je mit seiner gerade aktuellen Freundin auftauchen, werden wir wahrscheinlich den Abend damit verbringen, die Fußballtabelle von oben nach unten und wieder zurück durchzugehen, selbst wenn wir keinen blassen Dunst davon haben.

Heute Abend allerdings machte ich die beiden mit meinem neuen Projekt bekannt, was auch schon Tradition hatte.

»Nachbarn?«, fragte Leo nachdenklich.

»Hm. Das ist allerdings ein weites Feld. Ich habe schon öfter darüber nachgedacht, warum sich manche meiner Patienten so ein kompliziertes Wahngebilde zulegen und sich von der Regierung, von Terrororganisationen, Außerirdischen und Geheimdiensten verfolgt fühlen. Solche Ideen muss man schließlich logisch aufrechterhalten können. Jedenfalls mit einer inneren Logik. Dabei würde es der Nachbar von nebenan auch schon tun. Es wäre viel einfacher und praktischer.«

»Und etwas näher an der Wirklichkeit«, werfe ich ein.

»Wenn du über Nachbarn schreiben willst, könntest du eigentlich gleich Kriegsberichterstatter werden«, schlägt dagegen Alex vor. »In Afghanistan oder wo sonst eben gerade etwas los ist.«

»Moment, es gibt doch aber auch gute Nachbarn. Jetzt mal ernsthaft. Oder?«, halte ich dagegen.

»Gute Nachbarn? Sicher!«, erwidert Alex pessimistisch. »Man sieht sie nicht, man hört sie nicht und trifft sie nie.«

Alex, muss man an dieser Stelle einräumen, ist zuweilen ein wenig seltsam. Man kann nicht wirklich sagen, dass er eine soziale Phobie hätte, dafür ist er viel zu sehr von sich überzeugt. Aber er ist so was wie ein überzeugter Eigenbrötler.

»Also so weit würde ich nicht gehen«, findet dagegen Leo. »Schließlich helfen sich Nachbarn auch untereinander. Immer mal wieder. Dass es aber bei einer zufällig zusammengewürfelten Gruppe von Menschen Stresssituationen geben kann, ist auch klar.«

»Ich hab jedenfalls mal irgendwo gelesen, dass es allein in Deutschland jedes Jahr eine halbe Million Gerichtsverfahren bloß wegen Nachbarschaftsstreitigkeiten gibt. Vielleicht etwas hoch gegriffen, schätze ich, aber die Tendenz ist klar. Die Gerichte können einem leidtun.«, sagte ich.

»Interessant wäre doch«, wirft Leo an dieser Stelle psychoanalytisch ein, »wie wir überhaupt geprägt werden. Ich meine, zu welchen Nachbarschaftstypen wir uns entwickeln. Da gibt's schließlich erhebliche Unterschiede, oder?«

»Du meinst, das fängt schon in der Kindheit an?«, frage ich.

Natürlich, diese Art von Überlegung ist typisch für Leo. Niemand kann sich halt so ganz von seinem Beruf loslösen.

»Klar. Überleg mal. Die Nachbarn im Haus deiner Eltern …«

»… oder deine Tischnachbarn in der Schule. Damit geht's doch schon los«, fällt Alex Leo finsteren Blicks ins Wort, was einige Rückschlüsse auf seine frühkindlichen Erfahrungen in diesem Bereich zulässt.

»Genau«, meint Leo, der sich sichtlich für das Thema erwärmt: »Beim Begriff *Nachbar* denkt man natürlich immer zuerst an die Wohnnachbarn. Aber im Grunde geht das noch viel weiter – ob Tischnachbarn in der Schule oder heute im Büro … oder die zufälligen und nur kurzzeitigen Sitznachbarn im Flieger oder der Bahn … wobei, was heißt hier kurzzeitig? Ich meine, da kann einem die Zeit schon mal ziemlich lang werden, oder nicht?«

»Oder auch viel zu kurz«, findet Alex plötzlich, der mit seinen Gedanken anscheinend gerade eher romantische Gefilde durchpflügt. »Ich saß neulich im Zug neben einer Wahnsinns-Blondine. Kam aus Schweden, soweit ich begriffen habe. Sprach kein Wort Deutsch oder Englisch, ich konnte mich da nur mit Händen und Füßen verständlich machen. Laut Reservierung hätte sie bis Köln mitfahren sollen. Aber sie musste dann wohl doch früher raus. Ewig schade. Jedenfalls überlege ich gerade, ob ich nicht Schwedisch lernen sollte.«

»Genau das meine ich«, grinst Leo, während Alex irritiert guckt. »Das Fatale ist schließlich, dass wir uns unsere Nachbarn nur höchst selten aussuchen können. Da ist Chaos manchmal vorprogrammiert.«

»Kann man schon«, werfe ich ein. »Nimm dir nur eine WG.«

»Da ist das Chaos erst recht vorprogrammiert«, findet Alex. »Ich würde nicht mal in eine WG mit lauter taubstummen Wissenschaftlern ziehen. Oder Wissenschaftlerinnen. An der Uni hab ich schon im Studentenheim am Rad gedreht. Dabei habe ich mich schon so unsichtbar wie möglich gemacht. *Das Phantom* haben sie mich genannt. Hab ich gehört, als ich ausgezogen bin.«

*

Doch ja – wirklich ein weites Feld. Sogar noch viel weiter, als ich zunächst gedacht hatte. Und es stimmte: Zu dem Thema hat wirklich jeder etwas zu erzählen, Leo und Alex waren das beste Beispiel dafür.

Den Rest des Abends wurde ich also von beiden mit Nachbarschaftsgeschichten heimgesucht – flankiert wurden diese von meinen eigenen Erfahrungen, die, durch diverse Gläser Wein unterstützt, nach und nach wieder aus der Versenkung ans Licht befördert wurden.

Und Leo hat recht, ich geb's zu: Mit Nachbarn haben wir schon in früher Kindheit zu tun. Wir haben es bloß meist vergessen, und das, obwohl es da häufiger recht dramatisch zuging.

ZIERRASEN & ROSENKOHL

Als ich nach unserem Herrenabend anfing, mich mit dem Nachbarthema zu beschäftigen, wurde mir schnell klar, dass Leos Einwurf nicht von der Hand zu weisen war. Tatsächlich spielen Nachbarn überall eine Rolle, und das in jedem Alter, vom Kindergarten bis zur Bahre, vom eigenen Zuhause bis zum Arbeitsplatz, vom Sitznachbarn im Flugzeug oder Zug bis zu den europäischen Nachbarstaaten.

Ständig ist man umgeben von zunächst fremden Menschen, mit denen man klarkommen muss. Manchmal nur ein paar Minuten oder Stunden, manchmal auch jahre- oder jahrzehntelang. Das kann sehr erfreulich sein, aber auch schwer nach hinten losgehen. Bloß eines kann man nicht: sich entziehen. Und wenn man sich also seinem Leben unter dem Aspekt zuwendet, welche Nachbarschaften man schon genossen oder erlitten hat, wird einem tatsächlich klar, wie wichtig die Sache bereits sehr früh war. Sozusagen von Beginn an. Selbst in frühester Kindheit und Jugend haben sich diesbezüglich bereits wahre Dramen abgespielt. Und wer weiß – vielleicht gilt das sogar noch für die letzte (angebliche) Ruhestätte.

Was tun, wenn man da ausgerechnet neben der geschwätzigen Frieda Müller aus dem zweiten Stock kompostiert wird, die einem schon im lebendigen Aggregatzustand den letzten Nerv im Treppenhaus geraubt hat? Einen möglicherweise sogar zu Tode gequatscht hat und dafür verantwortlich ist, dass man jetzt hier sinnlos herumliegt? Muss man sich da dann wirklich fünfzehn oder gar noch fünfundzwanzig Jahre lang Klatsch- und Tratschgeschichten anhören, bis endlich die letzten Knochen auseinandergefallen sind? Flüchten kann man schließlich nicht, und wahrscheinlich nicht einmal die dann sehr kalte Schulter zeigen. Da wird's einem doch ganz schwiemelig, oder? Zu diesem Zweck sollte mal irgendjemand ein System erfinden, mithilfe dessen man bestimmen kann, neben wem man untergebuddelt werden will, oder wenigstens, neben wem auf keinen Fall.

*

Na, gehen wir lieber zum Anfang. Schon im Kindergarten war es nämlich durchaus sehr wichtig, wer neben einem am Mittagstisch saß und mit wem man gemeinsam die Kartoffeln zermanschte. Und noch viel wichtiger war, welcher fiese übergewichtige und schon früh überdimensionierte Brocken einem gegenübersaß!

Ich erinnere mich etwa an einen Rüdiger als Tischnachbarn, der zwar, rückblickend betrachtet, in etwa den IQ einer Topfpflanze hatte, aber sonst sehr genau wusste, wo der Bauer den Most herholt. Passte man also mal nicht auf, dann patschte er kurz auf den eigenen Teller, um den Schokoladenpudding für einen ungenießbar zu machen und ihn sich dann dafür selbst in den gierigen Schlund zu stopfen. Loszuheulen nützte dann leider nichts, denn merkwürdigerweise waren ausgerechnet die Schokopuddings im Kindergarten immer streng abgezählt und limitiert. Anders etwa als der zerkochte Rosenkohl und der Spinat. Davon gab es natürlich immer tonnenweise Nachschlag, oder hätte es gegeben, wenn man gewollt hätte. Schon damals also erfuhr man sozusagen im Kleinen ein Abbild des wahren Lebens, ohne es zu wissen: Süßspeisen sind immer irgendwie limitiert, Rosenkohl und Spinat dagegen nicht. Soll noch mal einer behaupten, man würde im Kindergarten nichts lernen und bloß spielen und sich amüsieren.

Verhauen konnte man Rüdiger jedenfalls für seine hinterhältigen Puddingattacken auch nicht. Das hätte, Rüdigers Dimensionen wegen, bestenfalls mit einer ganzen Rotte von Kumpeln geklappt. Bloß waren die daran nicht interessiert, weil sie froh waren, dass es nicht ihren Pudding erwischt hatte.

Und so lernte man schon früh im Kindergarten fürs Leben und entwickelte eigene Strategien (vor allem Schnelligkeit und Zusammenschluss mit anderen), um bloß nicht an Rüdigers Tisch zu landen und ihn zum Nachbarn zu haben, wenn man es irgendwie vermeiden konnte.

Beim allgemein verhassten Mittagsschlaf war es dann geschickt, wenn ein Freund auf der Pritsche neben einem lag, um sich die unendlich öde Schlafenszeit, die sich wie Kaugummi in die Länge zog, vertreiben zu können, bis man endlich aufspringen und wie angestochen lostoben konnte.

Lag dagegen Rüdiger neben einem, hatte man zu leiden. Nicht etwa, weil er irgendetwas tat. Jedenfalls nicht aktiv. Er ließ, mehr oder weniger, bloß geschehen und nach dem Essen den Bedürfnissen seines höchst aktiven Verdauungstrakts freien Lauf. Mit anderen Worten, er furzte wie ein Wallach, und da lediglich von einer Geruchsbelästigung zu sprechen wäre noch weit untertrieben. Jungs sind bekanntlich hart im Nehmen, so ist es nicht, und in dem Alter fand man solche Sachen ja sogar noch ganz witzig. Besonders, wenn man ein Gespür für unpassende Momente hatte oder es Erwachsenen passierte. Aber Rüdiger war tatsächlich bei allen Kindern besonders zur Mittagsschlafzeit gefürchtet, und der Moment, wo er sich umdrehte und einem den Rücken zuwandte, die reinste Folter. Überflüssig zu sagen, dass es ihm selbst bei all dem hervorragend ging und er gar nicht verstehen konnte, weshalb andere sich so aufregten.

Das also sind schon die kleinen Anfänge, bei denen man lernt, wie wichtig der unmittelbare Nachbar ist, und wie man mit Nachbarn umgeht. Meist vergisst man solche Dinge einfach. Aber selbst heute noch segne ich die Tage, an denen Rüdiger Mumps, Scharlach, Windpocken oder Masern hatte. Friedliche Stunden! Der gesamte Kindergarten atmete auf, und das im wahrsten Sinne des Wortes.

Die Nachbarn im eigenen Haus waren aber natürlich auch nicht ohne. Ich denke da beispielsweise an den Typus Nachbar, der sich ein Kissen auf die Fensterbank legt und den ganzen Tag in mehr oder weniger weißem Feinripppunterhemd halb aus dem Erdgeschossfenster heraushängt. Sozusagen eine natürliche Hauswache – oder ein Blockwart. In unserem Fall einer, der sich als Wachhund für die Rasenfläche vor dem Haus betrachtete, während er am frühen Morgen schon sein erstes Bier süffelte und das auch den ganzen Tag durchhielt. Bis ihn seine Frau am Abend vom Fenster pflückte (natürlich zur *Tagesschau*-Zeit) und danach ins Bett wuchtete. Klar war sie ein ähnliches Kaliber wie er und eine häufige Fenstergenossin, auch wenn sie Eierlikör dem Bier vorzog. Je älter die beiden wurden, desto mehr ähnelten sie sich auch, bis sie schließlich nur noch an den Stimmen zu unterscheiden waren: Sie keifend, er, immer wieder von saftigem Raucherhusten unterbrochen, tief röhrend.

Jedenfalls, die für Kinder so verlockende und absolut ideale Rasenfläche vor dem Haus war selbstverständlich nur zum Angucken und nicht zum Spielen da:

Für Kinder und Hunde verboten, eine Zusammenstellung, die, vielleicht unfreiwilligerweise, durchaus tief blicken lässt. In den wärmeren Jahreszeiten war da also nichts zu machen. Im Winter allerdings auch nicht – Eishöhlen- und Schneemannbauen waren ebenso verboten:

»Morisss, lass 'as!«, kam es dann aus dem Erdgeschoss geröhrt. »Macht 'n Rasen kaputt! Weil, Junge, Schnee schützt 'n Rasen, mussu verstehn. Machst du 'n Schnee wech, dann gibt's Eis. Un' Eis macht 'n Rasen kaputt. Du baus hier keine Schneemänner. Verstann?«

Natürlich war man als Kind solchen Erklärungen enorm zugänglich, zumal man ja schon im Sommer nicht auf dem Rasen spielen durfte. Was blieb mir also anderes übrig, als »Scheiß Rasen!« zu brüllen? Eben. Woraufhin ich dann ein ungezogenes Gör ohne Manieren war. Und mit den Eltern wollte man auch mal ein Wörtchen reden bei solchen Ausdrücken.

Diesem Lamento war dann wirklich nicht auszuweichen (es sei denn, wir hätten alle den Hintereingang des Hauses benutzt), und meine Eltern waren darüber auch regelmäßig zutiefst beglückt. Aber immerhin, irgendwann, nachdem sie sich wieder einmal lammfromm das Erdgeschossgequake aus der Entfernung angehört hatten und bemüht waren, es an sich abperlen zu lassen, platzte ihnen dann doch der Kragen. Leider war ich nicht dabei. Die interessantesten und schönsten Sachen machten die Erwachsenen sowieso irgendwie immer unter sich aus.

Jedenfalls wurde eines legendären Tages die Hauswache von meinen Altvorderen derart in den Senkel gestellt, dass es noch Wochen später im ganzen Viertel davon rauschte. Was zur Folge hatte, dass zumindest sie zukünftig verschont blieben.

»Morisss« hatte sich aber, wie sollte es auch anders sein, weiterhin Sprüche der Art: »Na, so dreckig wie du dich gemacht hast, werden sich deine Eltern aber freuen!« anzuhören. So ist das halt, wenn Nachbarn gerne miterziehen wollen. Oder es bei anderen Kindern besser machen, wenn die eigenen irgendwie missraten sind.

Zumindest hatte ich aber die ausdrückliche Erlaubnis meiner Erziehungsberechtigten, künftig die Hauswache mit Schweigen zu strafen. Nicht mal grüßen musste ich mehr, auch wenn das natürlich Kommentare unserer Lieblingsnachbarn zur Folge hatte.

Der Rasen vor unserem Haus allerdings blieb verbotenes Terrain, egal zu welcher Jahreszeit. Schade, zumal nur zwei Straßen weiter (mit demselben Vermieter!) die Rasenflächen keineswegs tabu waren. Das lag aber vielleicht an einer Übermacht von fast zwanzig Kindern in vier Blöcken. Versuchen Sie mal, die alle zusammenzukeifen, oder deren Eltern doof zu kommen, die sich selbstverständlich alle untereinander kannten und womöglich noch zusammengeschlossen hatten.

Die natürlich auch hier vertretenen Blockwarte hielten sich also gezwungenermaßen zurück und freuten sich höchstens heimlich über zerschundene Kinderknie und das Geplärre darüber. Das höchste der Gefühle war noch, Bälle bei sich bietender Gelegenheit einzukassieren und lediglich den Erziehungsberechtigten wieder auszuhändigen. Was aber nichts nützte, weil die kaum weniger renitent waren als ihre Kinder.

Was mich anging, hatte ich als einziges Kind im Haus halt Pech gehabt. So wechselte ich eben zu den anderen. Auch schön.

Und: Wo Schatten ist, gibt's auch Licht. Schließlich sind keineswegs alle Hausbewohner nur von dem einen Gedanken besessen, Nachbarskinder in ihrem Sinne einzuorden. Einer unserer Nachbarn von oben etwa gab sogar den Weihnachtsmann für mich – okay, ein bisschen auffällig bei dieser riesigen schwarzen Hornbrille, ohne die er blind war wie ein Maulwurf. Ich spielte aber gern mit, weil er und seine Frau auch sonst kinderfreundlich waren und gelegentlich mal eine Süßigkeit oder einen Apfel übrig hatten. Außerdem machte die ganze Weihnachtsmannsache vor allem meine Eltern glücklich:

»Ach ja, strahlende Kinderaugen unterm Weihnachtsbaum … gibt es etwas Schöneres?«

Und klar nimmt man da auch als Kind ohne jede Weihnachtsmanngläubigkeit Rücksicht auf die Eltern. Man strahlt, was das Zeug hält und versucht eben, den Weihnachtsmann ausnahmsweise nicht mit »Herr Meyer« anzureden.

Hohoho!

SITZNACHBARN

Eine ganz neue Nachbarschaftsqualität hatte dann die Schule. Instinktiv weiß jedes Kind, dass es für die eigene Schulkarriere von entscheidender Bedeutung sein kann, wer die Tischnachbarn sind, mit denen man direkt zu tun hat.

Das reicht von gegenseitiger Schützenhilfe mit Vorsagen und Abschreibenlassen über heimliches Verliebtsein, was dann oft die eigenen Schulleistungen schwer erschütterte, oder offenes Verpetzen bis hin zu, schlimmstenfalls, Mobbing.

Also auch hier funktioniert Schule durchaus als ein Abbild der Gesellschaft und damit auch ihrem mehr oder weniger nachbarschaftlichem Verhalten. Selbst wenn manche das lieber nicht so sehen wollen und Schule für eine Art Freiraum mit Welpenschutz halten.

Wichtig war vor allem, wie sich die unmittelbaren Tischnachbarn verhielten, und klar, wie man selber agierte. Solidarisch sein und zusammenhalten? Wählte man lieber die Schweizer Neutralität und hielt sich besser heraus? Oder stürzte man sich in einen Kampf bis aufs Messer? Alles ist möglich und es wird einem alles geboten. Das macht Schule so aufregend, und da ist man noch nicht einmal bei Zeugnissen und Co ...

Jedenfalls fuhr schon in der Schule jeder so seine eigenen tischnachbarschaftlichen Strategien. Ich saß zum Beispiel ausgerechnet mit Pullunder-Björn an einem Tisch. Er hieß so, weil er immer einen Pullunder trug, bei schweißtreibender Hitze genauso wie bei arktischen Temperaturen. Ohne Pullunder war er schlicht nicht denkbar. Er hatte sich seit unserer ersten Begegnung in der Sandkiste zu meinem Lieblingsfeind gemausert, weil er, auch schon seit der Sandkiste, mein Dauerrivale bei Claudia war, die mit uns in dieselbe Klasse ging, aber leider nicht neben mir saß. Das Gemeine ist eben, dass man sich auch in der Schule seine direkten Nachbarn nur selten aussuchen kann.

Und wenn doch, dann wird man nach ein paar Wochen garantiert wieder auseinandergesetzt, angeblich, weil man zu abgelenkt wäre und immer tuschelt.

Sauerei!

Statt meinem Freund Leo oder, besser noch, Claudia (die im Klassenchor so hinreißend *My Bonnie Is Over The Ocean* singen konnte, dass ich schier dahinschmolz) hatte ich ständig Björn und seine Pullunder an der Backe. Und er war auch noch ein Streber ersten Ranges. Das allein wäre nicht weiter wild gewesen, es hätte sogar ganz praktisch sein können. Schließlich lassen die einen, wenn sie wirklich schlau sind, wenigstens manchmal ein wenig teilhaben. Aber leider war Björn bereits damals schon ganz der Sohn seines Vaters und somit ein äußerst korrekter Beamter. Abschreiben und Vorsagen fielen also naturgemäß schon mal weg. Stattdessen pflegte er sich hinter einer Burg, errichtet aus umgedreht aufgestellten Schulbüchern, zu verschanzen. Zudem hatte er den Tisch genau vermessen und mit Bleistift und Lineal eine Grenze gezogen, damit der Platz ganz gerecht aufgeteilt war und es auch niemand wagen konnte, mehr Raum für sich in Anspruch zu nehmen, als ihm offiziell zustand, sozusagen schulbehördlich. Und alles, was in sein Gebiet langte, wurde sofort konfisziert, selbst wenn bloß ein Bleistift versehentlich zu ihm rübergerollt war.

Kommt einem doch bekannt vor, oder?

Überlegt man jedenfalls, dass Kinder, wenigstens eine Weile, in Wort und Tat Abbild ihrer Eltern zu sein pflegen, dann kann's einem schon gruselig werden. Aber damals dachte man über so etwas natürlich nicht nach. Da war wichtiger, wie man das nächste angekündigte Diktat überstand. Also machte man sich, der Petz Moritz zum Beispiel, so rein vorsichtshalber einen Spickzettel, deponierte ihn intelligenterweise unter dem Tisch und hoffte, sich irgendwie durchmogeln zu können.

Woran ich damals in meiner Naivität leider nicht gedacht hatte, war, dass mir mit Pullunder-Björn nicht nur ein Streber am Tisch gegenübersaß, sondern auch ein Gerechtigkeitsfanatiker (jedenfalls aus seiner Sicht), bei dem eben alles höchst korrekt zuzugehen hatte. Dass ich also versuchte zu schummeln, ging schon mal gar nicht. Weshalb dann auch mitten im Diktat Björns Hand hochflog und ich als übler Betrüger an den Pranger gestellt wurde. Die Folge war eine glatte Sechs und außerdem – Derartiges war zwar schon verboten, doch wen juckte das? – eine ziemlich herbe Ohrfeige seitens der moralisch empörten Lehrkraft. Die restliche Zeit des Diktats konnte der Moritz dann zuhören und darüber nachdenken, welch schwerwiegendes Verbrechen er begangen hatte.

Tatsächlich dachte er natürlich nur an zwei Dinge, wie sich das für einen Jungen gehört:

Erst mal an das nachhaltige Elterngespräch, das der ganzen Sache unumgänglich folgen würde, ein Gedanke, den man aber schnell wieder verdrängte. Und zweitens daran, wie mit Pullunder-Björn zu verfahren wäre.

Sollte man ihn einfach nur rösten? Oder auf kleiner Flamme garen? Mit siedendem Öl übergießen? Teeren und Federn? Oder alles zusammen?

Es war noch Zeit, mir etwas auszudenken, aber ganz sicher wollte ich ihn als Vorspeise schon mal auf dem Schulhof verdreschen, obwohl ich sonst nicht gerade zu physischer Gewalt neigte und der Ausgang der Sache überdies nicht unbedingt von vornherein feststand. Dazu kam es allerdings auch nicht. Denn zum einen hatte die moralisch empörte Lehrkraft selbst Pausenaufsicht, und rein zufällig drückte sich Björn immer in ihrer Nähe herum. Zum anderen hatte ich die Beileidsbekundungen meiner Klassenkameraden entgegenzunehmen. Derweil sah ich aus dem Augenwinkel zu, wie mein Freund Leo Björn in wohlgesetzter Rede und in aller Sachlichkeit rundmachte:

»Björn, du bist ein Arsch. Petzen tut man nicht!«

Womit aus Jungensicht alles gesagt und überdies der Status quo festgestellt war.

Was dagegen Claudia Björn damals an den Kopf geworfen hat, weiß ich nicht. Sie weigert sich bis heute, es mir zu sagen. Aber sicherlich hatte er nicht damit gerechnet, gerade von ihr zusammengestaucht zu werden:

Selbst auf zig Meter Entfernung konnte ich triumphierend zusehen, wie er plötzlich einen feuerroten Kopf bekam und die Ohren hängen ließ. Ganz untypisch für ihn kickte er sogar verlegen ein Steinchen weg, ungeachtet aller möglichen, eventuell hochgefährlichen Folgen.

Klar freute mich Claudias Einsatz besonders. Bis Claudia zu mir kam, um dann mich herunterzuputzen. Das reichte von »Wie kann man nur so blöd sein?« über »So was brauchst du doch gar nicht« bis »Ich hätte das ja schlauer angestellt, Blödmann!«.

(Wie sie mir später gestand, stellte sie es übrigens wirklich schlauer an. Und sie wurde nie (!) erwischt. Wie machen Mädels das bloß?)

Jedenfalls war gegen Claudias Ansprache die spätere nachhaltige Erziehungsrede meiner Eltern nur ein laues Lüftchen, auch wenn sie gewissenhaft die Punkte »Wie kann man nur so blöd sein?«, »So etwas hast du doch gar nicht nötig« und »Wenn schon, dann solltest du es wenigstens geschickter anstellen!« abarbeiteten.

Nach alldem hatte mein Tischnachbar Pullunder-Björn zukünftig noch mieserе Karten bei mir als ohnehin schon, was einiges heißen sollte. Aufschlussreich für spätere Nachbarschaften war aber vielleicht, dass er sich nicht wirklich irgendeiner Schuld bewusst war. Im Gegenteil, er sah sich im Recht, und rein formal betrachtet, ist es schwer, dagegen zu argumentieren. Ich glaube sogar, dass er sich nicht einmal wirklich einen Vorteil verschaffen wollte – abgesehen davon natürlich, sich als angenehme Nebenwirkung ein wenig bei unser Klassenlehrerin einzuschleimen.

Nein, ich schätze, es ging ihm wirklich ums Prinzip. Und wie immer, wenn es ums Prinzip geht, kann es ziemlich schwierig werden, für beide Seiten. Manche Menschen neigen überdies noch dazu, etwa missionarisch tätig zu werden und von aller Welt zu verlangen, ihre selbstverständlich wohlüberlegten Prinzipien gefälligst zu übernehmen: »Wo kommen wir denn sonst hin!?« Flexibilität oder Anpassungsfähigkeit sind dagegen Unworte, und es wird notfalls gekämpft bis zum Untergang. Dies sollte ich später noch weitaus drastischer erfahren.

*

Immerhin, Björn und ich mussten nicht bis zum Untergang kämpfen. Wir wurden kurz danach auseinandergesetzt, sicher zur gegenseitigen Erleichterung. Wirkliche Spätfolgen gab es auch nicht, außer dass Björn in Zukunft von den anderen eher mit etwas Vorsicht genossen wurde. Was ihn allerdings wenig kümmerte.

Trotzdem aber wurde er, wahrscheinlich Claudias wegen, etwas geschmeidiger. Zum Beispiel auf Klassenreisen.

Bei Klassenreisen ist es natürlich immer von entscheidender Bedeutung, wie die Zimmeraufteilung aussieht. Welche Nachbarn man sich sozusagen für sieben oder zehn Tage einhandelt. Zum einen wollte man natürlich nur mit bestimmten Kumpeln aufs Zimmer. Zum anderen galt es, den einen oder anderen Klassenkameraden zu meiden. Etwa Mario, von dem man wusste, dass er erstens in den Stockbetten immer oben schlafen wollte und zweitens manchmal noch ins Bett machte. Das konnte möglicherweise übel ausgehen, wenn man das Bett darunter hatte. Zur Not akzeptierte man dann doch, dass Björn zu einem ins Zimmer gestopft wurde. Man hatte da nur die Wahl zwischen Pest und Cholera. Aber Prinzipien hin oder her, einen Hauch flexibler gab sich Björn ja in letzter Zeit. Vielleicht war er also die weniger dramatische Wahl.

Und wirklich, wenn sich die Jungs zu den Mädchenzimmern rüberschlichen – für solche Abenteuer sind Klassenreisen schließlich da –, verzichtete er tatsächlich großmütig darauf, deshalb gleich das gesamte Jungenzimmer bei den Lehrern anzuschwärzen. Vielleicht lag das daran, dass auch die Mädchen (Claudia!) etwas abgekriegt hätten. Ich bin aber sicher, dass ihn die Entscheidung darüber schwere innere Kämpfe gekostet hat.

Auf andere Prinzipien dagegen bestand er weiterhin: So durfte keinesfalls über Nacht ein Fenster geöffnet werden. Schließlich könne man sich auch im Sommer durch mögliche Zugluft erkälten, wie jeder denkende Mensch wisse. Was dazu führte, dass wir tatsächlich abwarten mussten, bis Björn, übrigens in einem Schlafanzug mit pullunderähnlichem Oberteil, endlich selig entschlummert war, damit wir die Fenster aufreißen konnten, um nicht zu ersticken. An Björns Gezeter am nächsten Morgen hatten wir uns bald gewöhnt, und bei den täglichen Ausflügen sowie in der Freizeit sah man halt zu, ihn irgendwie abzuhängen.

In meinem Fall war das allerdings etwas schwierig, da ich bemüht war, Claudia immer irgendwie abzupassen. Er allerdings auch.

Es war, als ob man einen bösen Nachbarn ausgerechnet im Urlaub wiedertrifft und ihn nicht loswerden kann. Claudia selber fand das natürlich fantastisch, wenn wir sie satellitenartig umkreisten, und die anderen Mädels hatten was zu kichern.

Wenigstens blieb er aber nachts, wenn wir zu den Mädchen schlichen, auf dem Zimmer. Schließlich gehörte sich so etwas nicht. Eigentlich, jedenfalls. Später schlich er dann doch mit, natürlich, weil er mich nicht aus den Augen lassen wollte. Ein Elend.

Aber letztlich, wie ich eines Morgens hörte, allemal besser, als im Bett unter Mario zu schlafen.

So gesehen vielleicht doch Glück gehabt.

ERSTE SCHRITTE
IN DEN NACHBARSCHAFTS-
DSCHUNGEL

Mit zunehmendem Alter nimmt man die Hausnachbarn nicht mehr sonderlich zur Kenntnis, oder nur mehr oder weniger indirekt über die Eltern, die einem die Botschaft überbringen, dass die Musik oder der Fernseher oder was auch immer mal wieder entschieden zu laut war – oder die Party zum Sechzehnten, bei der alle Gäste mit sämtlichen verfügbaren Töpfen, Pfannen und Kochlöffeln eine äußerst rhythmische Jamsession hingelegt haben.

Dass die Eltern beim Überbringungen der nachbarschaftlichen Beschwerden besorgt gucken oder auch ziemlich sauer sind, nimmt man dann auch eher beiläufig wahr und hat die Sache zwei Minuten später wieder vergessen.

Später gibt's dann im Haus, oder so im Vorbeigehen, noch einiges Getuschel oder Bemerkungen über die verdächtigen Freunde, die einen besuchen:

»Sehen ja alle aus wie Terroristen! Oder Verbrecher! Kennt man ja aus *Aktenzeichen XY*!«

Weiter folgt dann noch anzügliches Gemurmel über die verschiedenen Freundinnen, die man so anschleppt. Die sehen natürlich alle aus wie künftige oder schon jetzt schwer schuftende Bordsteinschwalben. Allein schon die kurzen Röcke und der Schmuck, den sie bestimmt irgendwo geklaut haben. Wobei ich mich damals schon fragte, ob da nicht der pure Neid auf die Mädels sprach. Wahrscheinlich war's auch so.

Erst mit dem Unterschreiben des ersten eigenen Mietvertrages fängt man an, vielleicht jedenfalls, sich ein paar Gedanken zu machen. Plötzlich ist man selbst verantwortlich. Das ist zwar cool, einerseits. Andererseits aber auch irgendwie doof. Denn möglicherweise wird man jetzt selbst ganz direkt von den Nachbarn blöd angemacht, oder man kriegt noch von der Hausverwaltung, die göttergleich über allem schwebt, was auf den Deckel.

Komische Welt. Aber nehmen wir das mal vorläufig so hin. Demnächst hat man schließlich ganz sicher sein eigenes Haus plus riesigem Grundstück und kann tun und lassen, was man will. Ist

ja nur ein Übergang. Und mit diesen tiefschürfenden Gedanken-
gängen ist die Sache auch schon wieder abgehakt. Man weiß noch
nicht, dass Nachbarn einen auch erziehen. – Sie haben bloß andere
Methoden als Mami und Papi.

*

Wie es bei den meisten so ist, ist mir meine erste Wohnung (obwohl ich da nur kurz gewohnt habe) unvergesslich geblieben. Ein
ähnlicher Effekt wie das erste Auto, das auch keiner vergisst, egal,
ob es eine echte Schrottmühle war oder Papa einem für den Anfang
mal einen brandneuen BMW gesponsert hat.

Ich glaube allerdings, dass auch jedem anderen meine erste
Wohnung unvergesslich geblieben wäre:

Kleines Bad, kleine Küche, ein großes Zimmer. Das genügt
durchaus, um anzufangen, sich lebenstechnisch einzurichten.
Ein bisschen dunkel war sie vielleicht, ziemlich verschattet durch
hohe Bäume direkt vor dem Fenster. Von daher etwas höhlenartig.
Vor allem aber hatte mein Vormieter diesen äußeren Aspekt noch
überaus intelligent aufgenommen und im Innern der Wohnung
fortgeführt: Die Wände waren nämlich dunkelbraun gestrichen.

Alle Wände, ohne Ausnahme.

Als Gegengewicht zu dieser leicht düsteren Ödnis, bei der man
den Eindruck hatte, die Mauern würde immer mehr zusammen-
rücken, hatte er auch etwas unternommen. Nämlich die Zimmer-
decken schwarz gestrichen.

Alle Decken, ohne Ausnahme.

Und wirklich, wenn man nach oben sah, bekam man den
Eindruck einer gewissen Unendlichkeit. Vielleicht nicht ganz so
freundlich, als wenn man zum Beispiel in einen friedlichen Nacht-
himmel schaut und zu träumen anfängt. Schon eher so, als ob
man lebendig begraben worden wäre, dann aufwacht und auf das
Innenleben eines Sargdeckels starrt. So gesehen hatte der Mann

das Thema der bedrohlich zusammenrückenden Wände durchaus klug fortgeführt.

Ehrlich gesagt, war mir schon damals nicht ganz klar, wie man in einem derartigen Bau leben konnte. Wie muss man dafür geschnitzt sein? Für Höhlenmenschen mochte das ja durchaus angehen, die kannten schließlich nichts anderes. Aber wenn ich auf den Kalender sah, waren wir doch knapp über die Steinzeit hinaus, oder?

Egal.

Halt Geschmackssache, worüber man eben nicht streiten kann. Doch in diesem Zustand konnte ich die Wohnung auf keinen Fall lassen, ohne schlagartig in tiefe Depressionen zu verfallen. Und das, obwohl der Mann nur ein halbes Jahr dort verbracht hatte. Mit anscheinend echtem Bedauern erklärte er mir, dass alles gerade erst frisch gemacht sei und es ihm überaus leidtäte, dass er schon wieder ausziehen müsse, nachdem er so viel Arbeit in seine vier Wände gesteckt hätte. Ich hätte es da eigentlich hervorragend getroffen, weil ich mich in ein frisch gemachtes Nest setzen könne. Eine Aussage, die ich unkommentiert ließ.

Außerdem hatte er auch noch einen Tipp für mich: Ich solle bloß nicht auf die Idee kommen, meine Klamotten zum Trocknen auf den Dachboden zu hängen. Irgendwie würden sämtliche Sachen immer dreckiger runterkommen, als sie noch vor der Wäsche gewesen seien. Da würden wohl seltsamerweise Staub und Dreck von den Dachbalken oder von den Ziegeln oder woher auch immer runterregnen, obwohl er sich gar nicht erklären könne, wie das möglich sei. Er hätte seine Klamotten zwar sehr vorsichtig aufgehängt, dies hätte aber nichts genutzt. Jedenfalls solle ich das besser lassen.

*

Hinweise dieser Art von Vormietern sind praktisch. Wenn man kann, sollte man immer ein paar Worte mit ihnen wechseln und sich schlaumachen – über die Wohnung und klar, über die neuen

Nachbarn. Auch wenn man nicht immer davon ausgehen kann, so ganz aufrichtige Infos zu bekommen. Hängt eben vom Vormieter ab. Aber Makler haben berufsbedingt vielleicht eher einen Hang zur Schönfärberei, außerdem kennen sie viele dieser speziellen Details nicht. Von daher sind Vormieter praktischer. Und natürlich merkte ich mir die Warnung.

Dann machte ich mich, genau genommen wir uns, also Familie, Freunde und ich, an die Arbeit, um die Wohnung wieder in einen lebenswürdigen Zustand zu versetzen, wobei mehrere Schichten Tapete mit allen möglichen Tricks, vom bloßen Aufweichen bis zur chemischen Keule, zu entfernen waren. Highlight waren Bad und Küche, denn hier hatte mein Vormieter noch etwas Abwechslung in die braun-schwarze Düsternis gebracht. Nein, keinen anderen Farbton, dafür aber Lackfarbe. Schließlich hat man in Bad und Küche ja mit jeder Menge Wasser zu tun, oder? Und praktisch, wenn alles abwaschbar ist!

Eine elende Schufterei, das ganze Zeug mit Abbeize und Heißluft wieder herunterzubekommen. Wir waren zuletzt fix und fertig, aber alle gaben sich Mühe, die leichten bis mittelschweren Vergiftungserscheinungen (trotz offener Fenster im Winter) zu ignorieren. Nach einigen Wochen gab sich der zunächst hartnäckige Husten dann auch wieder. So viel zum Vorspiel, bis ich einziehen konnte.

DIE KEHRWOCHEN-GANG

Als Jugendlicher oder junger Erwachsener ist man meist eher weniger zugänglich für die weisen Ratschläge seiner Altvorderen. Allerdings hat man, wenn auch widerwillig, schon gelernt, dass sie manchmal doch nicht so übel sind, und ich beschloss, zumindest einen von ihnen in die Tat umzusetzen. Nämlich kurz bei meinen neuen Nachbarn zu klingeln und mich vorzustellen. Ich dachte, das wäre eine ganz gute Strategie, um möglichen Herzinfarkten vorzubeugen. Der Hausverwalter hatte mir nämlich erklärt, ich käme in ein Haus mit vorwiegend älteren Mietern. Ruhig sei es da. Sehr ruhig.

In Erinnerung an die Nachbarn meiner Eltern und im Hinblick auf das offenbar hohe Durchschnittsalter meiner neuen Mitbewohner schien es mir also nicht unklug, durch mein Erscheinen an der Haustür schon mal eine gewisse Vorwarnung zu geben, dass künftig das Haus von jungen Terroristen, Verbrechern und Bordsteinschwalben überflutet werden würde. Doch siehe da, zu meiner Überraschung wurde ich durchaus freundlich aufgenommen. Die zweite Überraschung war, dass meine Nachbarschaft ausschließlich aus netten älteren Damen zu bestehen schien. Die dritte Überraschung war dann meine Nachbarin mir gegenüber.

Älter – ja.

Nett? Nein.

»Sie!«, brüllte sie mich an, nachdem sie die Tür geöffnet und ich mein Sprüchlein aufgesagt hatte. »Vor Ihnen haben schon drei Herren hier gewohnt! In drei Jahren! Und nicht einer hat es für nötig gehalten, die Treppe zu machen! Sie! Sie sind vertraglich verpflichtet! Schauen! Sie! Sich! Ihren! Vertrag! An! Wir dulden das nicht!«

Ich gebe zu, ich stand etwas belämmert da. Mit achtzehn ist man auch noch nicht besonders schlagfertig. Oder rechnet überhaupt mit solchen Reaktionen. (Später allerdings auch nicht.) Jedenfalls ging ein Donnerwetter vom Feinsten auf mich nieder, und dazu noch eines, für das ich nicht einmal im Entferntesten etwas konnte.

Mir war zu diesem Zeitpunkt noch nicht klar, wie sich ein hinter Nachbarstüren jahrelang aufgestauter Frust urplötzlich und bei Bedarf auch völlig sinnlos entladen kann, wenn man sich, ohne es zu ahnen, gerade mal als freundliches Opfer anbietet.

Dergleichen sollte mir noch häufiger begegnen. Aber jetzt stand ich erst einmal doof da, bis mir dämmerte, dass ich mich keineswegs, egal ob erst achtzehn und neu im Haus oder nicht, von irgendjemandem derart zusammenbrüllen lassen musste. Höflich zu stoppen war die gute Frau jedoch auch nicht – nächstes Thema war die *Kehrwoche*, die keiner der drei Herren vor mir jemals beachtet hatte, und überhaupt kam sie vom Hundertsten ins Tausendste. Eigentlich in dieser ebenso temperamentvollen wie altersstarren Zügellosigkeit nicht uninteressant. Nur etwas sehr lautstark. Daher fing ich an, zurückzubrüllen, dass ich ja wohl nicht für das Verhalten meiner Vormieter verantwortlich sei und sie gefälligst erst einmal abwarten solle.

Rums, knallte die Tür zu. So viel zum ersten Kennenlernen.

*

Irgendwie war es, als ich den Umzug hinter mich gebracht hatte – na, viel umzuziehen war da nicht, im Gegensatz zu heute –, dann allerdings keine Überraschung für mich, dass ich rein zufällig sofort und auf der Stelle mit *Treppemachen* und besagter *Kehrwoche* an der Reihe war.

Wenn ich ehrlich bin, war mir nicht klar, weshalb meine diversen Vormieter sich dem total verschlossen hatten. Ist es mir auch heute nicht. Eine Nullaktion, sozusagen. Die paar Stufen waren in zehn Minuten gefegt und gewischt. Und klar achtete ich darauf – danke für den Tipp, Mama –, das auch nicht gerade lautlos zu tun. Folglich knallte ich mal mit dem Besen, mal mit dem Wischer kurz gegen das Treppengeländer, dass es nur so schepperte. Und gab darauf acht, dass die freundlich einladenden Fußmatten vor den Türen hinterher anders lagen als vorher, damit auch alle Nachbarn mitbekamen, dass der Petz Moritz seine vertraglichen Verpflichtungen wirklich ernst nahm. Keine wirkliche Arbeit, die aber Nachbarschaftsstress vermied.

*

Was anderes war die besagte Kehrwoche, von deren Pflichten ich keinen blassen Schimmer hatte.

Um das Problem zu lösen, dackelte ich zu der Nachbarin, die mir von allen am freundlichsten erschienen war. Und wurde tatsächlich mit einem Aha-Erlebnis belohnt, das mir einen tiefen Einblick in das Funktionieren einer Nachbarschaft bot.

Als ich also nachfragte, was denn genau zur Kehrwoche dazugehöre, legte sie zunächst das sorgsam dauergewellte weiß-lila Köpfchen schief und betrachtete mich prüfend von oben bis unten, wobei sie mich stark an meine frühere Erdkundelehrerin erinnerte. Offenbar fiel das Urteil gnädig aus, was sicher mit meiner kurzen Vorstellung beim Einzug zusammenhing.

»Zur Kehrwoche«, erklärte sie mir dann, »gehören der Keller und der Weg um das Haus herum. Aber nur bis zu den Regenrinnen des Nachbarhauses. Auf keinen Fall darüber hinaus! Das ist die Sache von denen, nicht unsere! Und dann müssen Sie natürlich auch noch den Dachboden fegen.«

Sie hielt kurz inne und lächelte verhalten, fast verträumt. »Aber nur dann«, fügte sie hinzu, »wenn dort oben keine Wäsche zum Trocknen hängt. Sonst wird die ja durch das Fegen ganz schmutzig. Womöglich sogar … noch schmutziger als vor dem Waschen. Und deshalb machen wir das auch nie. Normalerweise.«

Ihre Augen blitzten.

»Gut, merke ich mir«, sagte ich, bedankte mich naiv und machte mich an die Arbeit. Fegte also brav vor mich hin.

Erst den Keller. Dann den Weg ums Haus.

Zuletzt ging ich auf den Dachboden. Wäsche hing dort keine. Doch fiel mir jetzt mein Vormieter wieder ein:

Der Mann, der versucht hatte, seine Klamotten auf dem Dachboden zu trocknen.

Der dann feststellte, dass die Sachen dreckiger wieder herunterkamen, als sie vorher gewesen waren.

Der Mann, der außerdem nie die Treppe gemacht hatte und den die Kehrwoche einen feuchten Kehricht scherte.

Ich blieb stehen und starrte abwesend vor mich hin, derweil ich einen kurzen Zeitsprung in die Vergangenheit machte:

Vor meinem geistigen Auge öffneten sich in tiefer Nacht leise ein paar Nachbarstüren, während mein Vormieter noch zufrieden ins Kissen schnarchte. Drei oder vier nette, ältere und sehr, sehr harmlose Damen mit langen Schürzen und großen Besen schlichen sich die Treppe zum Dachboden hinauf. Öffneten leise die Tür und verschlossen sie ebenso leise. Machten Licht und kicherten hexenartig vor sich hin. Und dann fingen sie an zu fegen, was das Zeug hielt. Immer rauf auf die Hemden, T-Shirts, Hosen, Pullis und Socken meines Vormieters.

Wie lange hatten sie für ihr teuflisches Werk gebraucht? Fünf Minuten? Zehn? Eine Viertelstunde? Unentdeckt und sich gegenseitig noch verschwörerisch zublinzelnd schlichen sie sich dann wieder zurück in ihre Knusperhäuschenwohnungen. Und meinen kehrwochen- und treppenreinigungsverweigernden Vormieter erwartete eine böse Überraschung.

Aha, dachte ich. So also funktioniert Nachbarschaft. Auch eine Methode. Muss ich mir merken.

*

Hab ich auch. Irgendwann später machte ich dann einen Testlauf und hängte meine Klamotten oben zum Trocknen hin. Natürlich war mir dabei klar, dass ich dem Schicksal ein Angebot machte, weshalb ich auch nicht gerade mein bestes Zeug dazu nahm. Aber so als Prüfstein für mein Verhältnis zu den Nachbarn fand ich die Sache durchaus tauglich, besonders, da meine spezielle Freundin von gegenüber gerade Kehrwoche hatte.

Ich wartete dann zwei Tage. Und siehe da … als ich mein Zeug herunterholte, war es so sauber, als wäre es gerade aus der Maschine gekommen. Kein Staub, kein Dreck, kein gar nix. Sozusagen blütenrein. Genauso wie mein Haustreppen- und Kehrwochengewissen.

Tja, so funktioniert das mit den netten älteren Damen.

EIN RUHIGES HAUS

Wie ich schon sagte, wohnte ich trotz allem nicht allzu lange in meiner ersten Wohnung. Das hatte zwei Gründe. Möglicherweise war der Hausverwalter, dem ich meine erste Unterkunft verdankte, heimlich vielleicht etwas skeptisch, ob die Sache gut gehen würde. Eine Wohnung in einem sehr, sehr ruhigen Haus einerseits, dann ein Achtzehnjähriger andererseits. Eigentlich ist da das übliche und überall gern genommene Lautstärkeproblem schon vorprogrammiert, und wahrscheinlich betonte er die angebliche Ruhe und Beschaulichkeit des Hauses deshalb so nachdrücklich. Zugleich sagte er sich wohl, dass ich schließlich in der Ausbildung sei, deshalb unmöglich alle Nächte durchfeiern und so meinen überaus ruhigen und schlafbedürftigen Mitbewohnern auf die Nerven gehen konnte.

Nicht unschlau gedacht. Die Sache hatte bloß einen Haken: Nicht ich ging meinen Nachbarn auf die Nerven.

Sondern sie mir.

Ein ruhiges Haus bloß deshalb, weil da vorwiegend ältere Herrschaften wohnen? Dass ich nicht kichere! Der Mann kannte seine eigenen Mieter nicht. Die aber kannten sich alle schon lange gegenseitig. Und nicht bloß das. Diese älteren Damen waren eine ganz fidele Gesellschaft, vielleicht so wie früher, als sie noch eine Mädchentruppe in der Grundschule gewesen waren. Die ersten gegenseitigen Besuche jedenfalls fingen bereits in den frühen Morgenstunden an, die letzten endeten in tiefer Nacht. Dabei schlurfte, klackte und klapperte es auf den Treppen, dass man meinen konnte, bei dem Haus handle es sich um ein öffentliches Gebäude. Es wurden Türen ins Schloss geworfen und lautstark herzliche Abschiedsworte noch stundenlang im Treppenhaus gewechselt – klar, wer konnte schon wissen, ob man sich lebendig wiedersehen würde, oder? Und wie ich nach und nach unfreiwillig mitbekam, gab es auch wöchentlich wechselnde Kartenspielabende, zu denen stets ein wenig Eierlikör gereicht wurde, was die Abschiedsszenen im Treppenhaus nicht nur in die Länge zog, sondern auch noch lautstärker werden ließ. Während also meine Terroristen- und Bordsteinschwalben-Freunde und ich des Abends gleichsam durchs Treppenhaus schwebten, um keinem Hausbewohner auf die Nerven zu gehen, war die langjährige Belegschaft dagegen in dieser Beziehung weitestgehend enthemmt. Und da waren wir noch nicht einmal beim Thema Party!

Denn natürlich wurde jeder Geburtstag, gern auch unter Absingen von Schlagern aus den verschiedensten Jahrzehnten, festlich begangen (mit Sekt statt Eierlikör, wie ich nebenbei erfuhr). Da Geburtstage aber so selten sind, wurden gern auch alle anderen nur erdenklichen Anlässe ergriffen, um mal so richtig abzufeiern. Ganz zu schweigen davon, dass sämtliche verfügbaren Fernseher sowieso schon zu voller Lautstärke aufgedreht waren, um einer sich vielleicht anbahnenden Schwerhörigkeit entgegenzuwirken.

Der Petz Moritz, pendelnd zwischen Berufsschule und Ausbildungsstelle, wälzte sich inzwischen schlaflos im Bett von einer Seite zur anderen. In einem Anflug schierer Verzweiflung überlegte er sogar, ob vielleicht *er* sich bei der Hausverwaltung beschweren sollte.

Aber mal ehrlich: Hätte ihm das irgendjemand geglaubt? Ganz abgesehen davon, dass er es hier mit einer eingeschworenen Hausgemeinschaft zu tun hatte?

Nö. Keine Chance. Und so nahm er unfreiwillig teil an Geburtstagen, lautstarken Fernsehabenden (*Tatort*! *Aktenzeichen XY*!) und herzlichen Verabschiedungen im Treppenhaus.

»Bis Morgen, Edith!«

»Bis Morgen, Else!«

»Schlaf gut!«

»Du auch!«

»Und träum was Schönes!«

»Nur, wenn du es vormachst, hahaha!«

»Werd ich schon!«

»Ja-ha, man gönnt sich ja sonst nichts!«

»Haha, ein bisschen Spaß muss sein!«
»Ja-ha, dann kommt das Glück von ganz allein!«
»Haha!«

*

Wenn ich also in der Berufsschule einschlief oder mich auf meiner Stelle, weil übermüdet, ziemlich unkonzentriert zeigte, dann gab ich lieber nicht den wahren (und mir irgendwie peinlichen) Grund an. Sondern versuchte, einfach gelassen zu bleiben, wenn man mir die entsprechend ernsten Vorhaltungen machte:

»Nicht so viel feiern, Herr Petz! Sie sollten auch mal an Ihr Zeugnis/Ihren Arbeitgeber/Ihre Zukunft denken! Sie wollen doch sicher auch übernommen werden, oder nicht? Lehrjahre sind keine Herrenjahre, Herr Petz!«

Ja, peinlich, irgendwie. Wenn ich in den Spiegel starrte, sah ich neuerdings Augenringe, die mir auch schon bei meinem Vormieter aufgefallen waren. Aha. Langsam wurde mir einiges klar.

*

Das also war der erste Grund, weswegen ich an meinen baldigen Auszug dachte. Der zweite war eine sich plötzlich einstellende, brandneue Idee, auf die gewiss noch nie irgendjemand vor uns gekommen war.

Eines Abends hockte ich mit Freunden und Freundin zusammen (über uns lief *Tatort* in voller Lautstärke) und irgendjemand warf in die Runde, dass eine Wohngemeinschaft mit lauter Freunden, die sich so grandios verstehen, doch eine gute Sache wäre. Am besten gleich ein ganzes Haus, eine Vorstellung, die wir dann aber der eher beschränkten finanziellen Möglichkeiten wegen vorläufig verwarfen. Doch die Idee biss sich fest. Nach all den unfreiwilligen Nachbarschaften in Elternhaus, Schule und ersten Wohnungen könnte man es sich jetzt aussuchen, mit wem man zusammenlebte! Ganz neue, schöne Aussichten!

Natürlich waren meine Eltern, nachdem ich sie von meinem Entschluss unterrichtet hatte, hellauf begeistert. Unser arbeitsaufwendiger Sieg über die braun-schwarze Hölle lag ja schon ein paar Monate zurück und war gewiss längst vergessen. Trotzdem erklärten sie sich ächzend bereit, mir noch ein letztes Mal hilfreich zur Seite zu stehen, wenn's denn unbedingt sein müsse.

Es musste. Gegen die Euphorie eines Haufens wild entschlossener Achtzehn-, Neunzehnjähriger ist kaum was zu machen. Wir stellten uns die Sache schlicht großartig vor. Ein sozusagen offenes Haus, jede Menge Fun, gegenseitige Unterstützung und der Abwasch regelt sich bestimmt von selbst. Und wie es der Gott des Wohnungsmarktes wollte, hatten wir auch noch unverschämtes – und, ich gebe es zu, unverdientes – Glück:

Vier Zimmer mit Garten. Nicht zu fassen. Natürlich nur über private Beziehungen und Verwandte erhältlich, und mit der Auflage, uns um den Garten zu kümmern und ihn in Schuss zu halten. Wer weiß, vielleicht ging es darum, uns noch ein bisschen im Auge zu behalten.

Fröhlich stimmten wir aber zu, völlig unbeleckt von irgendwelchen Ahnungen, was da auf uns zukam. Ich hatte sogar die Hoffnung, ein paar ruhige Nächte zu haben und mal wieder ausschlafen zu können. Das allein sagt schon ein wenig über meinen damaligen Realitätssinn aus. Nun gut. Wir leben, um zu lernen, oder?

DUSCHVORHÄNGE UND ANDERE DISKUSSIONEN

Dass auch die Mitglieder einer Wohngemeinschaft Nachbarn, nur eben der besonderen Art, sind, ist mir eigentlich erst im Nachhinein klar geworden. Das gilt durchaus für beide WG-Formen: die Zweck-WG und die Freunde-fürs-Leben-WG. Man merkt es bloß nicht gleich. Schließlich hat man wenigstens in der Freunde-WG dieselben Ziele, oder dasselbe Lebensgefühl. Oder glaubt es zumindest. Das machte dann auch den Unterschied zu den Villenbewohnern nebenan. Diese guckten bei dem Einfall einer Horde Jugendlicher in ihre beschauliche Nebenstraße schon recht skeptisch. Oder ängstlich? Jedenfalls wenig begeistert, während wir fanden, dass wir eigentlich eine prinzipiell freundliche und außerdem völlig normale Truppe wären. Wir hatten auch ganz sicher nicht vor, die Nachbarschaft irgendwie aufzumischen, jedenfalls nicht mit Absicht.

Ich denke auch heute noch, dass es etwas wie ein Zwangsjahr für Wohngemeinschaften geben sollte. Jeder sollte da mal rein, so für zwölf Monate. Warum? Weil es einen ungemein herausfordert und den Blick für die Realität schärft. Ich hatte ja, als Einziger von uns vieren, ein paar Monate Vorlauf und Übung im Alleinleben. Von daher betrachtete ich mich als fast schon weltmännischen Profi. In Wahrheit allerdings war es damit nicht besonders weit her, und meine Eltern eine noch durchaus gern genommene Versorgungs- bzw. Umsorgungsstation, was Essen, Wäsche und Krankheitsfälle anging.

Im Gegenzug waren meine Eltern allerdings schlau genug, nicht bei mir vorbeizukommen, um mal aufzuräumen, abzuwaschen oder überhaupt die Bude auf Vordermann zu bringen, so, wie ich das schon bei anderen Eltern gesehen hatte. Ich hab mich da immer gefragt, ob ich deren Kinder des Roomservice wegen beneiden sollte, oder aber sie bedauern, weil dieser Roomservice stets auch mit strikter Überwachung einhergeht. Doch wie dem auch sei: Meine Eltern besuchten mich schlauerweise nie.

»Das machen wir erst«, ließ mich mein Vater wissen, »wenn du so um die dreißig bist. Oder eine eigene Familie hast. Jedenfalls eine eigene Frau. So lange brauchen wir uns nicht aufzuregen.

Es fällt mir ja immer noch schwer, meine Erinnerungen an dein Zimmer zu verdrängen. Gott sei Dank habe ich es nie fotografiert. Nee, nee, Moritz, besuch uns du mal schön weiter. Wir lassen dich da ganz in Ruhe.«

Doch, ein weiser und großzügiger Mann.

Sie kamen einfach nicht bei mir vorbei und regten sich deswegen auch nicht weiter auf. Was man nicht weiß, macht einen nicht heiß. Und meine Mutter etwa hatte sich zusätzlich noch eine tägliche geistige Übung einfallen lassen, in der sie mich stets in einer aufgeräumten und blitzblanken Wohnung stehen sah. Vor lauter Glück strahlten Wohnung und ich um die Wette, und sie konnte dank dieser Übung ein seelisches Gleichgewicht entwickeln, das sie jahrelang vorher nicht gehabt hatte. Mir schien fast, sie blühte regelrecht auf. Seltsam.

Doch zurück zur Wohngemeinschaft und den sehr merkwürdigen Phänomenen, die gleich in der Anfangszeit zu beobachten waren.

Denn zur allgemeinen Überraschung verhielten sich sogar unbelebte Gegenstände ganz anders als früher, als man noch zu Hause gewohnt hatte. Nehmen wir bloß das schmutzige Geschirr: Während es früher scheinbar einfach von selbst aus dem eigenen Zimmer marschiert war, um sich dann in der Küche abzuwaschen und brav wieder in die Küchenschränke einzusortieren, blieb es bei uns hartnäckig in den Zimmern stehen. Es wollte keineswegs gehorchen und husch, husch in der Küche verschwinden, um sich zu reinigen. Nein, man musste es selbst dorthin tragen. Aber sogar, wenn es dann auf der Spüle herumstand, weigerte es sich, sich freiwillig todesmutig unter einen Wasserstrahl zu werfen, sich abzubürsten, abzuspülen und abzutrocknen, um dann friedlich wieder in den Schränken zu verschwinden.

Nein, es verlangte diesen Service von uns! Eine Frechheit. So begann gleich zu Anfang der innere Kampf, ob man sich von Tellern, Tassen, Besteck & Co. herumkommandieren und sich seine Zeit stehlen lassen, oder aber das ganze Zeug einfach ignorieren sollte, bis es sich nahtlos ins Gesamtbild eingefügt hatte.

Aber nicht bloß das.

Auch die Wäsche verhielt sich plötzlich genauso widerborstig wie das Geschirr. Die benutzten Klamotten taten sich nicht wie gewohnt von selbst zusammen, um alle gemeinsam im Keller in der Waschmaschine zu verschwinden, sich danach selbstständig zum Trocknen aufzuhängen und schließlich in den dafür vorgesehenen Fächern zusammenzulegen.

Unangenehm, sogar ein wenig traumatisch war es auch, feststellen zu müssen, dass weder Küchen- noch Toilettenpapier eine ganz von selbst nachwachsende Ressource ist. Diese Erkenntnis dämmerte uns sogar allen gleichzeitig. Das war, nachdem wir uns zu einem gemeinsamen Abendessen in der Küche versammelt hatten, bei dem wohl irgendetwas schlecht gewesen sein musste. Unter den ein, zwei Stunden später folgenden, äußerst bedrängenden Umständen war es zudem auch noch fast ein Ding der Unmöglichkeit, die Klobenutzung zu koordinieren.

Ich erinnere mich auch heute nur sehr ungern der Notlösungen, die wir in dieser Nacht finden mussten. Doch nach diesem gemeinsamen Erlebnis (das uns allerdings weniger zusammenschweißte, als man vielleicht glauben würde) hatten wir *immer* Tonnen von Klopapier vorrätig. Ich würde sogar so weit gehen zu behaupten, dass Vicky, Caro, Horstmann und ich damals in ganz Deutschland im Bereich Klopapierbereitstellung einzigartig waren. So erziehen einen also auch gemeinsame Erlebnisse.

Manchmal, nur so als kleinen Einwurf, lernt man sogar, anzuklopfen. Ich habe da zum Beispiel einmal versehentlich eine Pärchenszene gesehen, die mich noch lange verfolgt hat, nachdem ich einmal so hoppla hopp ohne Vorwarnung in den Wohnraum meiner Zimmernachbarin Vicky gestürmt war.

Ich würde besagte Szene hier auch durchaus wiedergeben – ich stelle mir vor, dass Sie das brennend interessiert –, wenn es mir nur möglich wäre. Doch ehrlich gesagt, kann ich die Sache wahrscheinlich nur irgendwann in ferner Zukunft mit einem hervorragend ausgebildeten Therapeuten bearbeiten, und auch bloß dann, wenn ich sie mit Puppen nachspiele. So viel zu ein paar der lebenstechnischen Grundlagen des WG-Lebens.

Wie aber, genau wie in jeder sonstigen Nachbarschaft, die eigenen Lebensvorstellungen mit denen anderer zusammenprallen können, sozusagen grundsätzlich, zeigte sich bei uns anhand der plötzlich überraschend wichtigen Frage der Anschaffung eines Duschvorhangs, die der Moritz Petz so ziemlich am Anfang auf die Tagesordnung setzte. Ich dachte ja, das sei ein ziemlich belangloses Projekt und in circa fünfzig Sekunden abgehakt. Weit gefehlt!

»Du willst *was* anschaffen?«, fragte mich Vicky mit hochgezogenen Augenbrauen, während Caro schon überlegen grinste.

»Ähm … 'nen Duschvorhang? Wär doch ganz praktisch, oder?«

»Wirklich? Sag mal, Moritz, ich hab ja immer schon gedacht, dass du ein bisschen verklemmt bist. Aber du musst dich wirklich nicht schämen für deinen Körper. Das muss niemand, außerdem siehst du ganz okay aus, oder? Komm schon! Du brauchst dich echt nicht hinter irgendwelchen Vorhängen zu verstecken.«

»Wie jetzt, verstecken?«

»Also ich brauch so ein Teil nicht«, gähnte Horstmann desinteressiert. »Für so einen überflüssigen Quatsch hab ich auch keine Kohle.«

»Was zum Henker … wie jetzt, was hat ein verdammter Duschvorhang mit Verklemmtsein zu tun? Oder verstecken?«, entgegnete ich verblüfft.

»Also echt, Moritz, das ist nur was für Spießer. Ich schäme mich nicht, wenn ich nackt bin. Von mir aus kann jeder sehen, wenn ich dusche«, warf Caro ein.

»Seid ihr noch zu retten? Darum geht's doch gar nicht!«

»Ach, gib's schon zu, Moritz. Fühl dich einfach mal ein bisschen frei!«, forderte Vicky spontan.

»Ich soll mich *was* fühlen?«

»Oder wir machen so ein Bitte-nicht-stören-Schild an die Tür. Damit Moritz keinen Herzinfarkt kriegt, wenn er unter der Dusche steht und zufällig jemand reinkommt.«

»'N Duschvorhang wär 'ne total überflüssige Geldausgabe«, nörgelte Horstmann. »Haben wir doch gar nicht nötig! Meine Güte, so ein Pappschild für die Tür mach ich dir in zwei Minuten, Moritz. Und das kostet uns nicht mal was.«

»Außerdem macht es noch Arbeit. Ich fand Duschvorhänge immer sinnlos. Die werden bloß dreckig und dann muss man sie auch noch irgendwie waschen. Und wofür? Schließlich muss sich hier keiner schämen!«

Es brauchte eine Weile, bis mir dämmerte, dass alle drei nicht die blasseste Ahnung hatten, wozu so ein Teil überhaupt nützlich war.

Ich will nun wirklich nicht behaupten, dass ich ihnen sonst irgendwie voraus gewesen wäre. Das mit Sicherheit nicht. In der Duschvorhang-Frage aber schon.

»Also ihr glaubt allen Ernstes, dass ein Duschvorhang dazu da ist, sich beim Duschen zu verstecken, weil man verklemmt ist und niemand einen dabei sehen soll? Seh ich das richtig?«

»Wozu denn sonst?«, fragte Vicky genervt zurück.

Ich lehnte mich zurück. Provozierend sagte ich:

»Dann schlage ich vor, wir kaufen einen durchsichtigen Duschvorhang. Ohne Muster.«

»Aber das ist doch noch viel sinnloser!«, warf Caro entrüstet ein.

»Und viel zu teuer«, sagte Horstmann, der mir langsam etwas auf die Nerven ging.

»Hört mal, ihr Nieten«, fuhr ich, ausnahmsweise souverän, fort, »ist euch eigentlich aufgefallen, dass unser Bad jeden Tag knietief unter Wasser steht? Gestern bin ich übrigens ausgerutscht und hab mir fast das Genick gebrochen. Und habt ihr eine Ahnung, wie es zu diesen Überflutungen kommen könnte?«

»Das passiert eben. Beim Duschen. Ist doch ganz normal, Moritz.«

»Ach, tatsächlich. Normal. Und, gäb's da auch irgendein Mittel gegen?«

»Also ich wüsste nix«, meinte Horstmann, »jedenfalls nichts Billiges. Wir müssten sonst das Bad umbauen. Schräger Boden mit einem Ablauf in der Mitte. So was in der Art. Aber für solche Geschichten hab ich kein Geld. Auch wenn wir die Arbeit selber machen würden.«

»Okay, dafür haben wir kein Geld. Wie wär's dann einfach mit einem Duschvorhang?«, fragte ich.

»Ach so …«, antwortete Vicky verblüfft.

»Ach deshalb …«, ging Caro plötzlich ein Licht auf.

»Eben, darum«, sagte ich.

»Hm … wäre jedenfalls nicht so kostspielig, wie das Bad umzubauen«, meinte Horstmann nachdenklich.

»Stimmt. Ist einen Hauch billiger.«

Woraufhin ich meinen Duschvorhang bekam. Ich kaufte dann mit Fleiß einen durchsichtigen ohne Muster. Komischerweise ersetzten ihn die Mädels ein halbes Jahr später aber durch einen blickdichten weißen Vorhang mit bunten Schiffchen und zwar anscheinend schwer betrunkenen, aber immer fröhlichen Matrosen darauf. Sie erklärten, sie hätten ihn rein zufällig gesehen und so süß gefunden, dass sie nicht widerstehen konnten. Sie bezahlten ihn sogar allein, zumal Horstmann keineswegs gewillt war, einen zweiten Duschvorhang zu finanzieren, wo wir schließlich schon einen hatten, der vollauf genügte. Doch wie dem auch sei. Das Problem der täglichen Überschwemmungen im Bad war damit schon mal behoben.

*

Ich schätze, sinnlose Diskussionen wie diese kennt so ziemlich jeder, der mal in einer WG gewohnt hat und auf diese Weise seine Mitmenschen und Zimmernachbarn (neu) kennenlernt.

Andere kennen sie aber auch. Alex zum Beispiel, von seinen Eigentümerversammlungen in seinem Haus, die er inzwischen fürchtet wie der Teufel das Weihwasser. Da ging es beim letzten Mal etwa um irgendwelche Rabatten vor dem Haus, und um die Frage, mit was sie bepflanzt werden sollten, wer sich darum kümmern und wer um Himmels willen besser die Finger davon lassen sollte. Die Diskussion darüber wogte eineinhalb Stunden hin und her. Es gab da nämlich zwei Hobbygärtnerparteien, die sich ganz und gar nicht grün waren und auch keineswegs bereit, einen Fußbreit nachzugeben. Nicht einmal zwischen links und rechts des Eingangsweges wollten sie teilen! Während die eine Partei nämlich etwas geschickt gepflegtes, scheinbar jedoch Naturbelassenes bevorzugte, schien die andere davon besessen, gut gepflegte Gräber vor dem Haus zu installieren.

Beides aber würde natürlich nicht zusammenpassen. Sollten die Nachbarn in der Straße bei diesem Bild etwa denken, man wäre sich hier im Haus uneinig? Ausgeschlossen! Und deshalb musste auf Biegen und Brechen die jeweils andere Partei nachgeben, koste es, was es wolle. Was sogar zu ein paar Tränchen führte, da beide Parteien es absolut und total selbstlos nur gut meinten und nicht einmal ihren Arbeitsaufwand irgendwie berechnen wollten. Vielleicht fühlte sich der eine oder andere auch grausam missverstanden?

Wie die Sache ausging, wusste Alex nicht, da er schließlich mit dem Satz »Mir ist das alles wurscht, von mir aus können wir auch alles einbetonieren!« die Sitzung verließ. Aber Alex war schon immer ein Ignorant, und im Gegensatz zu manch einem, der das nur behauptet, hat er sich tatsächlich noch nie einen Kopf darüber gemacht, was wohl die Nachbarn denken. Die Wichtigkeit dieses Aspekts ist ihm schlicht nicht klar. Na, und das Ergebnis des Vorgartenkrieges wird er dann ja kommenden Frühling sehen.

*

Über Dinge wie Bepflanzungen & Co. machten wir uns in unserer WG natürlich auch keinen Kopf. Unser Garten bestand sowieso vor allem aus Rasen, Hecken und einem sehr erfreulichen Apfelbaum in der Mitte. Ein paar Blumen gab es hier und da auch, doch die kümmerten sich eigentlich eher um sich selbst. Ein anderes Problem dagegen war ein kleiner Baum, der hartnäckig direkt an der Hauswand Schutz gesucht hatte und der deshalb, weil er halt naturgemäß Wasser zog und außerdem möglicherweise noch das Gemäuer sprengen würde, leider weg musste. Den Job übernahmen Horstmann und ich kurz nach unserem Einzug. (Vicky konnte sich nicht beteiligen, da sie nichts Lebendiges töten wollte, und Caro war zufällig bei ihrem Freund.)

Wirklich taugliches Werkzeug konnten wir im Keller nicht finden, aber immerhin entdeckten wir eine rostige Säge, Schaufel und eine Spitzhacke, womit wir uns ans Werk machten. Ein warmer und sonniger, freundlicher Tag, aber leider auch ein sehr stiller, was uns irgendwie nervte.

Also machte Horstmann sein Zimmerfenster auf und schmiss seine Anlage an, sodass wir zu den friedlich-harmonischen Klängen der Rolling Stones, von AC/DC, Nazareth und Deep Purple zu sägen und buddeln begannen. Klar mussten wir den Sound dann etwas aufdrehen, weil Horstmanns Zimmer auf der anderen Seite des Hauses lag. Wir beschallten also nebenher auch ein wenig unsere friedliche Nebenstraße. Aber schließlich war das ein saustarker Sound, oder? Hört man doch gerne!

Das Ding ist eben, dass Musik einen enorm wichtigen Platz im Leben einnimmt, besonders wenn man noch etwas jünger ist. Das ist ein spezielles Lebensgefühl, das man gern teilt und an dem man andere gern teilhaben lässt. Komischerweise schienen unsere Nachbarn von gegenüber unser Lebensgefühl zur mittäglichen Ruhestunde nicht zu teilen. Verblüffend, irgendwie.

Jedenfalls knallten erst die Fenster zu, was wohl ein Signal sein sollte, bei uns jedoch im chaotischen Wohlklang von *Street*

Fighting Man Live irgendwie unterging. Vielleicht schenkten wir dem Gepolter auch nicht genügend Beachtung, schließlich kann einem ja immer mal ein Fenster oder eine Tür ausrutschen, und dann knallt's eben, oder? Kein Grund, sich zu beschweren, shit happens.

Nachdem wir also erfolgreich diesen zarten Hinweis auf übersteuerte Musik ignoriert hatten, sah sich einer unserer Nachbarn dann aber doch gezwungen, uns einen Besuch abzustatten.

Oder jedenfalls hatte er das vor, und er sah schon auf zwanzig Meter Entfernung so aus, als würde er notfalls auch über längere Strecken Amok laufen. Der Mann – übrigens so um die sechzig, siebzig, wobei man das als Jugendlicher nicht so gut einschätzen kann, in solchen Fällen sieht einfach jeder aus wie ein Grabverweigerer – steuerte also zielbewusst auf uns zu, und ich dachte, ich gehe ihm etwas entgegen. So im Sinne hilfsbereiter Nachbarschaft, denn offenbar wollte er irgendetwas von uns. Jedenfalls glaubte ich naiverweise, wir könnten vielleicht mit etwas Butter, Salz, Mehl oder ein paar Eiern aushelfen. Etwas in der Art.

Zu meiner Überraschung aber verlor er plötzlich jede Zielstrebigkeit, während ich noch freundlich lächelte.

Dann zögerte er.

Machte noch ein paar kurze Schritte.

Blieb stehen.

(An diesem Punkt fragte ich mich bereits, wieso er sich so komisch verhielt.)

Starrte mich an wie einen Geist.

Und drehte sich schwupps, auf dem Absatz um, um dann, beinahe im Laufschritt, wieder in seinem Haus zu verschwinden.

Echt eigenartiger Kerl, dachte ich. Was ist los mit dem? Eben will er was, dann nicht mehr, und ich geh dem noch nett entgegen!

Ziemlich irritiert kehrte ich zurück, um mich bei Horstmann über scheinbar irre Nachbarn auszulassen. Mein Wohngenosse bekam stattdessen einen Lachkrampf.

»Mensch, Moritz«, brüllte er vor Lachen, »guck dich mal an. Du bist nicht nur von oben bis unten verdreckt, du hast auch noch die Spitzhacke geschultert. Du siehst aus, als ob du echt keine Gefangenen machst! Egal was der wollte, was glaubst du denn, was der gedacht hat, als er dich so gesehen hat?«

Ich musste ihm wohl recht geben. Echt peinlich irgendwie. Da denkt man, man ist freundlich und zugewandt, legt dann aber einen martialischen Auftritt vom Feinsten hin, der auch Rambo noch Hochachtung abverlangt hätte. Ganz aus Versehen. Ich muss, mit abwehrbereiter Spitzhacke über der Schulter, wirklich ausgesehen haben, als ob ich beim leisesten Versuch eines Widerspruchs Gedärme entsorge. Der Mann tat mir echt leid, er musste einen Schock fürs Leben bekommen haben.

Übrigens, das war auch der Augenblick, in dem uns aufging, was er eigentlich gewollt hatte. Und wir waren dann auch so nett, den Sound abzudrehen und den Rest der Arbeit bei natürlichem Vogelgezwitscher abzuleisten.

*

Ob die Sache dann noch irgendetwas Gutes hatte oder nicht, kann ich schlecht beurteilen. Bloß, dass wir von denen gegenüber nach diesem Vorfall immer freundlich gegrüßt wurden, im Gegensatz zu vorher.

Lag es daran, dass wir schließlich doch darauf gekommen waren, dass wir unsere Umwelt ziemlich nervten und die Anlage abgedreht haben? Oder hatten sie nach meinem Auftritt Angst vor uns und wollten sich lieber gut mit uns stellen?

Ich werde es wohl nie erfahren. Aber ich bin mir einigermaßen sicher, dass es nicht die von gegenüber waren, die uns zu unserer Einweihungsparty die Polizei auf den Hals hetzten.

9

DRUM PRÜFE,
WER ZUSAMMEN WOHNT ...

Besagte Einweihungsparty fand aus verschiedenen Gründen mit Verspätung statt, und da wir nur engste Freunde und Bekannte plus Anhang eingeladen hatten, waren wir so um die achtzig Leute. Oder ein paar mehr, einen richtigen Überblick hatten wir nicht. War auch nicht wichtig.

Meine Zimmernachbarin Vicky etwa hatte noch irgendeinen Typen angeschleppt, den sie gerade in der U-Bahn kennengelernt hatte. Das war für uns inzwischen nichts Neues mehr. Sie sammelte ständig irgendwo gestrandete Jungs auf. Nicht, um sie zu vernaschen, sondern um sich um sie zu kümmern und ihnen irgendwie zu helfen, wozu sie in der Regel dann aber nicht in der Lage war. Meist mussten Horstmann und ich ihre Schäflein wieder rausschmeißen, sie selbst hatte vorher schon die Flucht ergriffen. Aus solchen Begebenheiten lernte sie allerdings nicht. Sie hatte einfach, was niemandem von uns vorher klar gewesen war, einen ausgeprägten Mutter-Theresa-Tick, den sie als »natürliche zwischenmenschliche Solidarität« bezeichnete und an dem sie regelmäßig scheiterte.

Ihre neueste Eroberung saß schon mehr oder weniger blöde vor sich hin lächelnd in der Ecke, hieß Tommy, hatte Pupillen wie Stecknadelköpfe und kam mir auch sonst ausgesprochen schräg vor. Aber schließlich war das nicht meine Sache.

Dachte ich.

*

Klar hatten wir die Party bei unseren Nachbarn angekündigt und um Nachsicht gebeten, wenn's etwas später und ausnahmsweise etwas lauter würde – eine Aktion mit Handzetteln, die uns gerade noch rechtzeitig einfiel. Ob uns diese Ankündigung als purer Hohn oder schlichte Naivität ausgelegt wurde, weiß ich nicht. Dafür aber, dass wenigstens zwei Anlieger die Gelegenheit nutzten, um übers Wochenende zu verreisen. Kluge Leute.

Die Party selbst verlief eigentlich ziemlich normal:

Ein Pärchen trennte sich für immer, zwei fanden (endlich) zueinander, zwischendurch ging das Bier aus. Ein weiteres Pärchen bekam sich lautstark in die Wolle und überbrüllte sogar kurzzeitig den Sound – starke Leistung –, ein anderes trennte sich nur vorläufig. Später verfielen sie dann allerdings gleichzeitig auf die Idee, sich gegenseitig eifersüchtig zu machen, und knutschten mit völlig Unbeteiligten herum, um kurz danach zu versuchen, sich handgreiflich in meinem Bett wieder zu versöhnen. Ein Versuch, den ich leider unterbinden musste, weshalb ich dann (wieder) ein verklemmter Spießer war. Zwei Jungs entschieden, fortan nur noch mit Glatze leben zu wollen, und setzten die Idee ohne Rücksicht auf Verluste umgehend in unserem Bad in die Tat um, während in der Küche irgendwelches Mobiliar zu Bruch ging. Irgendeiner entdeckte schließlich unsere nicht unerheblichen Klopapiervorräte und trug dann noch sehr kreativ zur Deko bei.

Caro fiel an dieser Stelle zufällig ein, dass sie die Nacht bei ihrem Freund verbringen wollte, versprach aber, ganz bestimmt am nächsten Morgen rechtzeitig da zu sein, um mitzuhelfen, das um sich greifende Chaos wieder zu beseitigen. Ich glaubte ihr das sogar, was einiges über meinen nicht mehr hundertprozentig nüchternen Zustand aussagt.

Irgendjemand kam noch auf einen ziemlich üblen Trip und musste beruhigt und wieder heruntergeholt werden, was der schon erwähnte Tommy recht fachmännisch übernahm. Endlich mal jemand Nützliches, den Vicky aufgegabelt hatte. Zudem schleppten ein paar andere noch einen Karton Hochprozentiges an, was, weil es umsonst war, besonders von Horstmann (der auch für die Biervorräte zuständig gewesen war) mit Jubel begrüßt wurde. Alles in allem also eine Party wie immer, mit Drama, Tränchen, Knutschen, Tanzen, Gelächter, einer den ganzen Abend schwankenden Teilnehmerzahl und mit bis zum Anschlag aufgedrehter Anlage. So sollte es sein.

Doch trotz allem endete die Sache früher als erwartet, gegen drei oder halb vier. Ein paar Jungs und Mädels waren über die Räume verteilt zwar noch da, aber nur, um ihren Rausch auszuschlafen. Die Musik war also längst abgeschaltet und ich auf dem Weg ins Bett, wo ich schon erwartet wurde. Das war der Moment, als es an der Tür klingelte. Ich rappelte mich folglich noch mal auf, um allzu späte Gäste abzuwimmeln, stattdessen standen aber zwei Polizisten vor der Tür:

Sie müssten, sagten sie in die nächtliche Stille hinein, in der man eine Stecknadel hätte fallen hören können, einer Beschwerde wegen zu lauter Musik und nächtlicher Ruhestörung nachgehen.

Sogar in meinem Zustand merkte ich, dass beide ein wenig irritiert waren und sich möglicherweise auch veralbert vorkamen, schließlich war es bei uns mucksmäuschenstill. Entsprechend lief ich dann noch mal zu großer Form auf, äußerte mein totales Unverständnis und beharrte darauf, mir gar nicht erklären zu können, wie es zu dieser Beschwerde käme. Wir hätten zwar ein bisschen gefeiert, aber das sei schon seit Stunden gelaufen.

Dabei versuchte ich, mich so im Türrahmen zu verteilen, dass ihnen der Blick auf das Schlachtfeld verwehrt blieb. Sie entschuldigten sich dann beinahe noch mit dem Hinweis, dass sie solchen Dingen eben nachgehen müssten, und zogen wieder ab. Freundliche Jungs, alles in allem.

Da die Klingelei der Polizei an unserer Wohnungstür aber einige von uns wieder geweckt hatte, machten wir doch noch etwas weiter, ein Effekt, der von unseren Nachbarn so sicher nicht gewollt gewesen war.

*

Am späten Vormittag erwachte ich dann völlig verkatert vom lautstarken Fluchen meines Zimmernachbarn Horstmann. Als ich aus meinem Zimmer kroch, erfuhr ich dann, dass Tommy inzwischen weg war. Und mit ihm so ziemlich alles aus unserer Wohnung, was auch bloß ansatzweise von Wert war und man auf die Schnelle versetzen konnte – Bares sowieso.

Das führte dann, während ich an den Trümmern unseres Küchentischs saß und versuchte, mich mit Kaffee und Zigaretten wieder auszunüchtern, zu einer heftigen Auseinandersetzung zwischen Vicky und Horstmann. Vicky wollte partout nicht einsehen, dass sie möglicherweise einen Fehler gemacht hatte, indem sie uns einen abgebrannten Junkie angeschleppt, der uns jetzt die Bude ausgeräumt hatte:

»Gut«, sagte sie, »das war Scheiße von Tommy. Echt nicht okay. Aber ihr müsst das auch mal von seiner Warte aus sehen! Er hat keinen Platz zum Pennen, kein Geld, aber tierisch Druck, welches aufzutreiben. Was würdet ihr denn da tun? Ich meine, er ist eindeutig ein Opfer der Gesellschaft …«

»Ich soll das mal aus seiner Warte sehen? Bist du noch zu retten? Dein Opfer hat uns gerade die Bude ausgeräumt!«, ächzte Horstmann.

»Ja klar, ich hab ja gesagt, dass das nicht in Ordnung war. Aber mal im Ernst, man kann ihm doch keinen Vorwurf machen. Die Droge macht ihn eben krank, und außerdem hat er eine total beschissene Kindheit gehabt.«

»Total beschissene Kindheit?« Horstmann schnappte fast über. »Die hatte ich auch, und geh ich deshalb hin und räume bei anderen ab?«

»Deine Kindheit ist nichts im Vergleich zu der von Tommy«, behauptete Vicky standhaft. »Er ist schließlich im Heim aufgewachsen.«

»Na, und?«, brüllte Horstmann, was meine Kopfschmerzen noch mal in die Höhe trieb. »Ist ja wohl keine Begründung, oder? Meinst du vielleicht, alle, die im Heim aufgewachsen sind, ziehen jetzt marodierend durch die Straßen und terrorisieren ihre Mitmenschen? Oder alle hätten da so furchtbar zu leiden gehabt?«

»Tommy hat uns nicht terrorisiert. Er hat sich gestern Nacht auch ganz lieb um diesen Typen gekümmert, der so schlecht drauf war ...«

»Moritz, halt mich fest, ich eskalier gleich«, stöhnte Horstmann.

»Könntest du vielleicht endlich damit aufhören, uns irgendwelche Galgenvögel anzuschleppen, Vicky?«, fauchte ich jetzt auch ziemlich genervt. »Du kannst ja später gern ein Heim für die Gestrandeten dieser Welt aufmachen, aber du musst nicht hier bei uns damit anfangen. Noch ein paar Tommys mehr und wir stranden selber.«

»Meine ganze verdammte Kohle ist weg«, kreischte Horstmann schwer getroffen. »Achtzig Mücken! Damit dein Opfer sich jetzt zudröhnt und einen schönen Tag hat!«

»Meine Güte, Horstmann, dann zahle ich sie dir eben zurück«, bot Vicky großzügig an.

»Ach, und wovon?«

Das fragte ich mich allerdings auch. Vicky war notorisch klamm. Sie schüttelte den Kopf.

»Das treibe ich schon auf«, erwiderte sie optimistisch. Merkwürdigerweise fand sie tatsächlich immer irgendjemanden, der ihr Geld lieh. »Aber ich glaube echt, ihr seht gar nicht, wie gut es uns geht im Vergleich. Wir haben ein Dach über dem Kopf, einen Platz zum Schlafen, es gibt Menschen, die uns lieben, wir haben zu essen ...«

»Genau, weil ich den verdammten Kühlschrank vollmache«, blaffte ich, langsam wirklich sauer. »Du schleppst doch höchstens mal einen Joghurt und ein paar Möhren an.«

»Ach, ihr versteht einfach nicht!«, sagte Vicky, zutiefst unglücklich. »Wie kann man nur so egoistisch sein?«

Und so weiter.

Es taten sich wahre Abgründe zwischen uns auf, mit denen wohl keiner gerechnet hätte. Während Vicky die Welt irgendwie durch Liebsein retten wollte, fand Horstmann, dass jeder sich zuerst einmal um seinen eigenen Scheiß kümmern und vor allem seine Kröten zusammenhalten sollte. Ich selber lag irgendwo dazwischen und Caro musste erst mal ihren Freund fragen, was sie dachte.

An diesem Tag hatte sie aber keine Zeit dazu. Sie kam nur kurz mal reingesprungen, um sich einen Überblick über die Schäden zu verschaffen. Dann trug sie ein paar Gläser in die Küche und musste sich leider schon wieder verabschieden, weil ihr Freund auf sie wartete, der mit ihr an die Ostsee wollte.

Vicky dagegen musste dann unbedingt Tommy auftreiben und mit ihm über sein Verhalten reden, wobei ich ihr viel Glück wünschte. Horstmann packte die Bierkästen zusammen, um sich das Pfand abzuholen, und brauchte irgendwie den ganzen Tag dafür.

Der Petz unterdessen verbrachte seine Zeit dann damit, tonnenweise Haare aus dem Bad zu entfernen, ebenso viel Klopapier einzusammeln und überhaupt die rauchende Ruine wieder in einen einigermaßen bewohnbaren Zustand zu versetzen. Er wusch sogar ab, wenn auch bloß, weil absolut nichts Ungebrauchtes mehr da war. Weil er somit allein mit dem ganzen Chaos war, brodelte er ziemlich vor sich hin. Allerdings wollte er aber auch kein Spießer sein, die anderen an blöde Abmachungen erinnern oder sonst noch was irgendwie aufrechnen, im Gegensatz zu Horstmann, dessen Motto »Gute Rechnung, gute Freunde!« lautete. Also fügte sich Moritz in sein Schicksal.

*

Wir versuchten später noch, diverse Regelungen und Pläne fürs Zusammenleben aufzustellen. So ganz ohne, wie wir uns das ursprünglich gedacht hatten, ging es wohl doch nicht. Irgendjemand fühlte sich unvermeidlich immer ausgenutzt. Also wimmelte es bald von Plänen fürs Putzen, Rasenmähen, Einkaufen, Abwaschen und Kochen. Die Umsetzung der Pläne und guten Vorsätze ließ aber doch eher zu wünschen übrig, wovon ich mich gar nicht ausnehmen will. Vicky schaffte es aber tatsächlich, uns ein halbes Jahr lang mit weiteren dringenden Notfällen zu verschonen. Eine echte Leistung für sie.

Dann tauchten zwei Belgier bei uns auf, die aus einem mir nicht erfindlichen Grund politisches Asyl brauchten, und nach ihnen ein Nigerianer, diesmal, weil Vicky neugierig auf exotische Kulturen war. Der Bursche rechnete natürlich auch mit mehr. Vicky scheiterte aber wie üblich an ihrem Anspruch, was mir für ihn wirklich leidtat. Außerdem war ich sauer auf sie, weil an mir die Aufgabe hängen blieb, ihm das irgendwie klarzumachen. Zuletzt schleppte sie einen Albaner bei uns an, ein ruhiger und ganz netter Typ übrigens, der allerdings das Pech hatte, von seiner Familie oder der Familie eines feindseligen Clans gesucht zu werden. So ganz durchblickte ich das nicht.

Das war dann allerdings der Punkt, an dem Horstmanns Geduld überstrapaziert war und er Vicky zum Auszug aufforderte. Ich schätze, er sah sich bereits im Kreuzfeuer rivalisierender Gangs, fürchtete aber vor allem um sein Sparbuch. Hinzu kam, wie wir, eher zufällig, erfuhren, dass Tommy gerade versucht hatte, sich nochmals bei uns Einlass zu verschaffen. Ein Nachbar hatte ihn in unserem Garten beobachtet. Nur gelang es ihm nicht, entweder, weil er zu blöd oder weil er zu stoned war.

Diesmal schloss ich mich Horstmann an. Mir reichte es langsam auch. Nur Caro hatte dazu keine relevante Meinung, weil sie bei ihrem Freund war.

Immerhin, Vicky machte das nichts weiter aus. Sie fand sowieso, dass unsere Ansichten einfach zu weit auseinandergingen und wir die Sicherheit eines geregelten und soliden bürgerlichen Heims bräuchten, während sie das Leben von einem ganz anderen Standpunkt aus betrachtete, der von allumfassender Liebe sowie Besitzlosigkeit, Friede und Solidarität geprägt war. Bei Horstmann und mir dagegen, sogar bei Caro, käme immer mehr der ängstliche und egoistische Spießbürger zum Vorschein, meinte sie. Da wolle sie sowieso nicht mitmachen. Meinen Einwurf, dass in der Regel gerade diejenigen die größten Spießer seien, die es anderen vorwerfen, wischte sie mit der Bemerkung beiseite, sie habe nichts anderes von mir erwartet als eine solch eingeengte und kleinbürgerliche Sichtweise.

Daraufhin organisierte sie sich aber umgehend einen Platz in einer sehr viel größeren, um die zwanzig Leute starken WG. Mir schien das eine gute Lösung, da ich dachte, dass ihre Dauersammlung notleidender Schäfchen in dem Trubel sowieso nicht auffallen würde. (Tat sie zu meiner echten Überraschung aber doch, Vicky blieb da nicht allzu lange.)Horstmann machte zuletzt noch einen resignierten Versuch, sie an ihre Schulden bei ihm zu erinnern, rechnete sich aber schon nichts mehr aus. Routiniert versprach Vicky, alles umgehend zu begleichen, und verschwand dann für immer.

*

Hält man sich mal vor Augen, dass schon das Leben mit ausgesuchten Mitbewohnern derart unfreiwillig spannend sein kann, weil man sich eben doch nicht wirklich kennt, dann muss man sich bei Nachbarn im eigenen Haus oder denen von nebenan eigentlich nicht weiter wundern, oder?

Jedenfalls hat man sich seine Zimmernachbarn noch zu Anfang ausgesucht. Unserer WG ging es dann allerdings wie vielen anderen Wohngemeinschaften auch. Erst zogen weitere Freunde und Freundinnen ein und wieder aus, dann waren es eigene Bekannte. Darauf folgten Bekannte von Freunden und schließlich Bekannte von Bekannten, zuletzt Bewerber über Annoncen. Da war ich allerdings schon raus.

Am längsten, sogar bis zum Schluss, hat Horstmann durchgehalten. Ihn regte zwar das Leben in einer WG auch mit Abstand am meisten auf, und mehr als einmal stöhnte er mir vor, dafür einfach nicht geschaffen zu sein. Allerdings war es die billigste Lebensvariante. Mindestens einmal im Jahr kalkulierte er das sorgsam durch, um nur ja auf dem finanziell aktuellen Stand zu bleiben, kam aber immer wieder zum selben Ergebnis. Also hielt er gnadenlos durch und blieb bis zuletzt.

Ich hab mir sagen lassen, dass er noch heute, als mittelhohes Tier bei den Grünen, in geselliger Runde bei einem guten Gläschen Weißwein und einem fetten, aber ökologisch einwandfreien Krustenbraten, gern auf diese revolutionäre Zeit verweist. Seine frühe Kampfzeit, bei der alle möglichen Verfolgten, Minderheiten und Geknechteten dieser Gesellschaft bei ihm Asyl und ein solidarisches Miteinander fanden. Ganz ohne Ansicht der Person.

Fraglos wird er für seinen Einsatz sehr bewundert. Ich selber sage dazu nichts.

10

GLÄSERNE NACHBARN &
SCHLAFLOSE ZEITEN

Bevor ich zu meiner nächsten Unterkunft und ihren Nachbarn und Anwohnern komme, muss ich an dieser Stelle noch eine Lanze für die Nachbarn unserer WG brechen. Abgesehen von den beschriebenen kleinen Vorfällen gab es da erstaunlich wenig Stress, und das in einer sonst ruhigen Nebenstraße mit lauter kleinen, netten Häuschen, eher älteren Anwohnern und schließlich noch Gärten, die sicherlich zu den am liebsten genommenen Kriegsschauplätzen überhaupt gehören. Und was den WG-Garten anbetraf, hatten wir uns sicherlich auch nicht eben übernommen oder mit Ruhm bekleckert.

Fanden sich unsere Nachbarn also schlicht mit uns ab und resignierten? Hatten sie etwa Angst vor uns? Oder übten sie einfach Nachsicht, weil sie größtenteils selber Eltern waren und wir im Alter ihrer eigenen Sprösslinge, die wer weiß wo über die Welt verteilt waren? Waren sie schlicht weitaus toleranter, als wir für möglich gehalten hätten? Oder schätzten sie einfach, dass wir etwas Leben in die sonstige Friedhofsruhe brachten? Waren wir für sie womöglich so etwas wie eine Live-TV-Soap mit wechselnden Darstellern?

Wie gesagt, sogar auf unsere eher nachlässig geführte Gartenpflege wurden wir eher selten und wenn sogar noch freundlich hingewiesen. (Dass dies auch ganz anders geht, wurde mir erst später klar.)

Ich werde den Grund für ihre Duldsamkeit nie erfahren. Jedenfalls konnte man hier von einer vielleicht nicht überströmend freundlichen, aber doch immerhin neutralen Nachbarschaft sprechen. Und das ist wirklich schon eine ganze Menge.

*

Meine nächste Wohnung ähnelte von der Raumaufteilung her sehr meiner ersten Bleibe, sieht man davon ab, dass die Küche winzig und bereits mit einer Person völlig überfüllt war, was mir allerdings nicht viel ausmachte. Es war Platz für eine Mikrowelle und einen Kühlschrank. Dafür war das Bad absurderweise riesig und beinahe so groß wie mein Zimmer. Zu meiner Freude stellte ich aber fest, dass es weder Kehrwochen noch Treppendienst gab. Es war alles mit inbegriffen – für mich der pure Luxus.

Meine Guten-Tag-ich-bin-Ihr-neuer-Nachbar-Vorstellung scheiterte allerdings daran, dass praktisch niemand zu Hause war, abgesehen von einer offenbar sehr furchtsamen Mittdreißigerin, die eine halbe Stunde brauchte, um alle Schlösser an ihrer Tür zu öffnen. Dann lugte sie durch einen schmalen Türspalt – gesichert noch immer mit einer Kette und zwei Riegeln – und starrte mich durch ihre riesige Brille wie eine verschreckte Nachteule voller Entsetzen an.

Nachdem ich mein Sprüchlein, garniert mit einem etwas bemühten Lächeln, aufgesagt hatte, flüsterte sie gehetzt: »Hallo, Guten Tag, aber ich kaufe nichts!« und knallte die Tür ohne einen weiteren Kommentar wieder zu. Klack, klack, klack, klack, machten die Schlösser und ließen mich etwas ratlos zurück. Seltsame Person, dachte ich. Was es allerdings mit den geschätzt zweihundert Schlössern an ihrer Tür auf sich hatte, sollte ich noch erfahren.

Zunächst machte ich mich erst einmal daran, mich wieder einmal einzurichten, wobei ich überrascht feststellte, das Nägel in diesem Haus die starke Tendenz hatten, einfach auf Nimmerwiedersehen in der Wand zu verschwinden. Ein Phänomen, das mir völlig neu war, aber Böses ahnen ließ. Ich habe ja nun keine Ahnung, da ich kein Maurer bin, aber diese Wände hier waren scheinbar dünn wie Papier. Hinter meiner »Wand«, eigentlich eher so eine Art fester Vorhang, wie mir bald aufging, lag offenbar ein schmaler leerer Raum, und dann folgte schon die »Wand« des Anwohners neben mir. Ich kam zu dieser Erkenntnis, als ich mit der Taschenlampe in eine Öffnung in der Wand leuchtete, die ich versehentlich selber verursacht hatte.

Ich hatte versucht, mit der Bohrmaschine ein Loch zu bohren, das dann allerdings bloß auf Grund der Vibration der Maschine (dabei hatte ich sie schon vorsichtshalber ganz heruntergedreht) beinahe sofort zu einem fast türgroßen Loch auseinanderbröselte.

Um den Schaden zu beheben, brauchte ich den ganzen nächsten Tag. Da allerdings hatte ich schon, unfreiwillig und ganz ohne mich näher vorzustellen, meine Nachbarn mit all ihren Vorlieben kennengelernt:

Der Typ unter mir etwa favoritisierte RTL. Bisweilen wich er auf SAT.1 oder ProSieben aus. Die Nachbarn zu meiner Rechten favoritisierten dagegen SAT.1 und wichen wiederum auf RTL und ProSieben aus. Aber nie, niemals sahen meine Nachbarn gleichzeitig denselben Sender. Ständig schalteten sie um, kamen nacheinander auf den Kanälen der jeweils anderen an und schalteten bei Werbung sofort wieder weg. Auf diese Weise kämpften die beiden Nachbarn und die drei Sender um die Vorherrschaft in meiner Wohnung.

Es war dabei aber nicht etwa so, dass beide Parteien ihre Fernseher sonderlich laut aufgedreht hätten, weil sie rücksichtslose Nervensägen gewesen wären. Nein. Ich begriff schnell, dass ihre Geräte lediglich bei normaler Zimmerlautstärke liefen. Das reichte allerdings, um mich an beiden Programmen lebhaft teilhaben zu lassen, was einfach an den hauchdünnen Wohnungstrennern lag, die hier beschönigend »Wände« genannt wurden.

Der Nachbar über mir dagegen hatte mit Fernsehen offenbar nichts am Hut, was mich, vorerst zumindest, erleichterte. So lange, bis ich sein Bett knarren hörte und er zu schnarchen anfing. In einer Lautstärke, als ob er mir direkt ins Ohr sägen würde. Dabei übertönte er immerhin RTL, kam zu meinem Bedauern allerdings nicht gegen SAT.1 an.

Die ersten Tage, gebe ich zu, war ich fast am Verzweifeln. Das war eindeutig schlimmer als alles, was ich bisher erlebt hatte, die Wohngemeinschaft eingeschlossen.

Von einem etwas hellhörigen Haus zu sprechen wäre eine maßlose Untertreibung gewesen. Aber leider, obwohl Flexibilität doch alles ist, war es mir nicht möglich, gleich wieder auszuziehen. Folglich stellte ich meinen Fernseher von da an zur selben Zeit ein wie meine Nachbarn – täglich kurz nach fünf, ich weiß es noch wie heute –, was dafür sorgte, dass die anderen Fernseher wenigstens leicht übertönt wurden. Zuweilen wechselte ich zu Kopfhörern, dankbar für die Erfindung der drahtlosen Übertragung. Und was das schier unmenschliche Gesäge von oben anging, war Ohropax ohnehin schon seit langer Zeit mein bester Freund, obwohl ich, damals jedenfalls, nicht einmal besonders geräuschempfindlich war. Allerdings waren hier nicht nur die Wände hauchdünn, sondern der Mann war einfach auch ein knallharter Schnarcher. Ich hatte ihn schwer im Verdacht, für das Guinness-Buch der Rekorde zu trainieren. Glaubt man diesem Werk, können sich jene Töne bis über neunzig Dezibel ausweiten. Lärmtechnisch könnte man genauso gut versuchen, neben einer voll befahrenen Autobahn zu schlafen.

*

In gewissem Sinne aber war unsere Hausgemeinschaft, wie ich nach einiger Zeit begriff, auch eine verschworene Gemeinschaft. Gezwungenermaßen freilich. Schließlich gab es nicht nur die Lieblingsfernsehsendungen oder das Schnarchen der Nachbarn zu bewundern, sondern auch alle anderen Lebensäußerungen. Gegen den eigenen Willen hatte man bald heraus, wer zum Beispiel langwierigere Verdauungsprobleme hatte. Das war nicht nur, vor allem aber der Herr Bauer links über mir, der unter angestrengtem Ächzen und seltsamen asiatischen Kampfgeräuschen im Schnitt eine halbe Stunde auf dem Klo verbrachte, dies aber bei Bedarf auch problemlos auf eine Stunde ausweiten konnte. Oder man erfuhr, wer gern feierte (Familie Hellbaum, Parterre rechts; unausweichlicher Höhepunkt jeder Party war der Ententanz) und mit wem.

Frau Siemers (Mitte, zweiter Stock) dagegen neigte zu Dauertelefonaten, bei denen sie, wem auch immer, ihre persönlichsten Probleme langatmig ausbreitete. Die betrafen vor allem den von ihr angebeteten Herrn Barnhold, Parterre links. Offenbar beschäftigte sie die Sache derart, dass sie vergaß, dass besagter Herr sie natürlich auch hörte. Interesse an ihr zeigte er trotzdem nicht. Dafür war sein Sexleben im Haus mit Sicherheit am aufregendsten und scheinbar suchte er seine ständig wechselnden Partnerinnen nach ihrer Religiosität aus:

»Oh, mein Gott. Oh mein Gott … oh, mein Gott! …«, konnte man beinahe jede zweite Nacht aus seinem Schlafzimmer hören.

*

Unumgänglich war selbstverständlich auch der Kampf um die musikalische Vorherrschaft im Haus. Hier stand erwähnte Frau Siemers in der linken Ringecke, ihr zur Seite und Luft zuwedelnd Chopin und Debussy. In der rechten Ringecke hopste Hellbaum Junior herum, gecoacht von den Sexpistols und den Ramones. Ich hätte ja zuerst klar auf die Punkbands gesetzt, musste aber erstaunt zugeben, dass auch Klassiker die Fensterscheiben zum Klirren bringen können, besonders bei einer so miserablen, scheppernden Stereoanlage wie der von Frau Siemers. Auf die Art war der Sound der beiden manchmal nur schwer zu unterscheiden, ihre Vermischung zwar interessant, aber irgendwie auch grausam.

Letztlich also bekam man schlicht alles mit: wo geboren und gestorben wurde, wer krank war, um welche Krankheit es dabei ging und wie sie behandelt wurde. Allein war man nie, und wenn man sich gerade mal langweilte, nahm man in Form eines Hörspiels einfach am Leben der anderen teil.

Und dennoch taten im Haus erstaunlicherweise alle, als ob niemand etwas vom anderen wisse. Diskretion wurde hier zu meiner anfänglichen Verblüffung tatsächlich großgeschrieben, und es wurde zwar knapp und eher förmlich, aber doch irgendwie auch immer mitfühlend auf der Treppe gegrüßt. Sogar Klatsch und Tratsch fielen weg, was zweifellos daran lag, dass ohnehin jeder alles von allen wusste. Jede geborene Klatschbase wäre in diesem Haus kümmerlich wie ein Primelchen eingegangen.

Wirklich enge Beziehungen unter den Nachbarn gab es daher eher weniger. Wozu auch, wenn man sich so genau kennt und ohnehin bereits unter einer extremen Informationsüberlastung leidet. Ohne es also zu wissen, war ich bereits mit dem Tag meines Einzugs mit allen anderen Parteien in unserem Mietshaus eine Art Zwangsfreundschaft eingegangen, die auf höflicher Schauspielerei und Diskretion beruhte.

Beschwerden über Lärm gab es wegen faktisch erwiesener Zwecklosigkeit auch nie. Wo, und bei wem, hätte man da anfangen sollen? Überdies hielten sich praktisch alle an Zimmerlautstärke (nur mein schnarchender Nachbar, Chopin und die Sexpistols nicht), sodass Beschwerden so gesehen gar nicht infrage kamen. Vor allem wusste aber jeder, dass die Nachbarn jedes der eigenen Geheimnisse auch kannten, und das meist besser als Familienangehörige, Freunde und Bekannte, die nur zuweilen zu Besuch kamen. Jeder war gläsern. Sicher auch einer der Gründe, weshalb kein Mieter versuchte, daraus einen Vorteil zu schlagen. Aus diesem Grund herrschte im Haus eine klassische Pattsituation vor, sozusagen ein Gleichgewicht der Mächte, oder ein Gleichgewicht des Schreckens, je nachdem, wie man es sieht. Ob man wollte oder nicht, hier wurde man durch eine höllische Toleranzübung getrieben:

Augen und Mund kann man schließen, bei den Ohren ist das (trotz Ohropax) zu hundert Prozent kaum möglich.

*

In einem Punkt gab es im Haus aber eine ganz offene und erfreuliche Solidarität. Bei der Nachteule nämlich – Frau Schröder –, bei der ich mich als Einzige hatte vorstellen können. Die zweihundert Schlösser an ihrer Tür dienten nämlich keineswegs dazu, ängstlich mögliche Einbrecher auszusperren. Vielmehr waren sie dazu gedacht, sich selber *einzusperren*, weil sie unter einem ernsten Problem litt: Sie war Schlafwandlerin. Und das beschränkte sich keineswegs nur auf bloßes Herumgeistern, Möbelumstellen und Essenkochen mitten in der Nacht.

Vielmehr neigte sie zuweilen auch zu weitergehenden nächtlichen Ausflügen. Daher die Türschlösser, die sich nur leider als weitgehend wirkungslos erwiesen. Bei ihren nächtlichen Exkursionen waren ihr auch schon einige Nachbarn begegnet. Und selbst Hellbaum Junior, mit grellbuntem Irokesenschnitt, im Schottenrock und mit von Sicherheitsnadeln durchstochener Nase, oder Herr Barnhold wurde dann fürsorglich. Letzterer sogar auch dann, wenn er zufällig gerade wieder eine tiefreligiöse Maus im Schlepptau hatte.

Obwohl es zeitaufwendig und keineswegs einfach war, Frau Schröder (ohne sie zu wecken und so zuerst in helle Panik und dann in tiefe Verlegenheit zu versetzen) wieder in ihre Wohnung zurückzumanövrieren. Doch tun musste man natürlich etwas. Die angebliche »schlafwandlerische Sicherheit« ist bloß ein Märchen, obwohl Schlafwandler mitten in der Nacht sehr komplexe Dinge erledigen können, bis hin zum Autofahren. Trotzdem aber führen Schlafwandler ein überaus gefährliches Leben, gefährlich für sich und alle anderen.

*

Mit dem Thema (doch, Nachbarn können durchaus etwas zur eigenen Bildung beitragen, und dies nicht bloß in langweiligen Rechtsfragen) befasste ich mich dann näher, nachdem ich eines Abends noch weggehen wollte.

Nichts ahnend öffnete ich meine Wohnungstür und wollte eben nach meinem Schlüssel greifen, als ich fast eine Herzattacke erlitt, weil Frau Schröder glasigen Blicks im stockdunklen Treppenhaus direkt vor mir stand. Sie stand da zwar nicht mit weit vorgestreckten Armen vor mir, schien aber dennoch wild entschlossen, meine Wohnung näher zu inspizieren.

»Ähm … Guten Abend, Frau Schröder, was … kann ich etwas für Sie tun?«, fragte ich unsicher.

»Hmpf«, machte sie verächtlich.

»Was suchen Sie denn?«

»Meine Stiefel haben *natürlich* gesagt, ich sollte mich umsehen!«, sagte sie mit fester Stimme, auch wenn sie nuschelte und nur schwer zu verstehen war. In der Tat trug sie hohe Stiefel zu T-Shirt und Jogginghose.

»Okay, das will ich auch gar nicht anzweifeln, aber leider passt mir das gerade gar nicht. Ich wollte eben weg …«

»Der König sollte nach Kansas in die Küche kommen mit all dem Pfeffer.«

»Hm. Und dann?«

Sie ging an mir vorbei und setzte sich.

»Tee! Die Vogelscheuche kommt!«

Sie stand wieder auf und ging zielstrebig in die Küche. Meiner Vermutung nach träumte sie irgendeine verrückte Märchenmischung. In sich bestimmt ganz nett und konsistent. Allerdings fing Frau Schröder nun an, in meiner Küche Tee zu machen, zumindest sah es so aus. Als sie dann meinen Wasserkocher nahm und das Fenster öffnete, um ihn hinauszubefördern, fand ich aber doch, dass es an der Zeit war einzugreifen.

»Moment, ich kümmere mich um den Tee!«, sagte ich eilig, in dem mehr oder weniger sinnlosen Versuch, mich in ihre Traumlogik einzuklinken.

»Die Wahrheit ist sehr wohl Pflicht«, behauptete sie daraufhin, standhaft wie ein Zinnsoldat.

»Wohl wahr, wohl wahr. Wissen Sie was?«, bestätigte ich ihr wirres Gefasel während der Rettung meines Kochers. »Wir sollten dann jetzt zum Tee nach unten gehen. Ich bringe Sie mal hin … Frau Schröder?«

Leider war sie mir inzwischen entkommen und inspizierte mein Bad, setzte sich auf den Rand meiner Badewanne und strömte plötzliche Zufriedenheit aus, was sie mit einem diesmal deutlichen »Keine Rosen und keine zwei Minuten!« bekräftigte. Der Sinn dieser Äußerung blieb mir schleierhaft, was Frau Schröder aber nicht weiter interessierte. Stattdessen kehrte sie in mein Zimmer zurück, stellte fest, dass ihr vielleicht meine Möbel, nicht aber deren Position gefielen, und räumte daher ein wenig um.

Übrigens gar nicht mal undurchdacht. Ich hab's danach so gelassen und fand das durchaus praktisch.

*

Nachdem sie mit dem Ergebnis scheinbar zufrieden war, konnte ich sie vorsichtig am Arm wieder nach unten in ihre Wohnung und ihr Bett bugsieren. Wenigstens war die Wohnungstür offen.

Später erfuhr ich, dass sie noch einen Zweitschlüssel bei Frau Siemers und einen Drittschlüssel bei Hellbaums deponiert hatte, nachdem sie sich mehrfach ausgesperrt hatte. Schlafwandeln ist tatsächlich ein Elend.

Für diese Nacht aber war es wenigstens vorbei, sie schien tatsächlich sofort wieder zufrieden einzuschlafen. Mir selber war nach diesem ziemlich spektakulären Auftritt irgendwie nicht mehr danach, wegzugehen. Folglich ging ich wieder nach oben in meine Wohnung. Oder wenigstens versuchte ich es.

Leider hatte ich mich ausgesperrt. Ohne irgendwo einen Zweitschlüssel deponiert zu haben. Nun ja. Auch so wird man schlauer.

11

BURNING DOWN THE HOUSE

Dass ich die erstbeste Gelegenheit ergriff, um aus diesem Glashaus mit seinen Wohnabteilen wieder auszuziehen, ist wahrscheinlich leicht nachvollziehbar. Außerdem kam ich damals mit Claudia zusammen, die mich sehr begeisterte und mit der ich auch den Versuch wagen wollte, zusammenzuleben. Bevor ich auszog, hatte ich allerdings noch ein weiteres Erlebnis. Eines, das zeigt, dass Nachbarn durchaus auch praktisch sein können, und äußerst hilfreich. Leider musste ich für diese Lektion, aus Versehen natürlich, das Haus in Brand stecken.

Okay, ich übertreibe.

Es war nur ein kleiner Küchenbrand, wenn auch nicht ganz unspektakulär. Bei der Gelegenheit lernte ich jedenfalls die Begriffe »Panik« und »Herdabdeckplatten« näher kennen. Theoretisch sind Letztere ja nicht brennbar, Herde ebenso wenig. Die Praxis, freilich, sieht anders aus.

Auf jeden Fall lief im Fernsehen ein für mich hochgradig interessantes Fußballspiel, nebenbei wollte ich mir etwas zu essen machen, schmiss den Topf auf die Herdplatte und schaltete den Herd ein, um ihn dann leider zu vergessen, der Spannung des Spiels wegen. Der Topf war auch nicht das Problem. Der blieb ganz cool auf der Herdplatte und wartete die Dinge einfach ab.

Ich weiß nicht, welcher Teufel besagte Abdeckplatten erfunden hat. Wozu, frage ich mich immer noch, sind die überhaupt gut? Zur Anwendung kamen die bei mir so gut wie nie, ich hatte nicht einmal mehr eine Ahnung, wie sie überhaupt in meinen Besitz gekommen waren. Jedenfalls lagen sie an jenem Abend wundersamerweise auf meinem Herd und glühten prima durch, weil ich versehentlich die zwei abgedeckten Herdplatten angestellt hatte. Dann folgte irgendwann, gerade beim Elfmeter, ein mörderischer Knall, der alle Sicherungen heraussprengte und die gesamte Wohnung in ein nächtliches Dunkel tauchte.

Erleuchtet nur vom Funkenregen in der Küche, der absurderweise an Silvester erinnerte, und von den brennenden Kabeln. Um die Katastrophe perfekt zu machen, wehte nicht nur ein scheuß-licher Gestank durch die Zimmer, es loderten auch Flammen auf dem Herd. Oder kamen sie von der Rückseite? Ich weiß es nicht mehr. Jedenfalls jagten mir die Flammen, wenn sie auch nicht besonders groß waren, einen riesigen Schrecken ein. Und wie es dann eben so ist, versucht man, ohne groß zu überlegen, einfach zu löschen. Irgendwie, ganz egal. Wenn's sein muss auch mit blo-ßen Händen. Feuer ausschlagen und glühende Abdeckplatten vom Herd runterpfeffern.

Ich stand daraufhin einen Moment da, in Qualm und Rauch eingehüllt. Nächster Schritt: Nachbarn mobilisieren und warnen. Raus ins Treppenhaus und »Feuer!« brüllen, »Holen Sie die Feuer-wehr!« So in der Art.

Ganz interessant übrigens, trotz allem, die abendliche Moden-schau der entsetzten Nachbarn, die sich im Treppenhaus ver-sammelten. Hier war alles geboten vom Einteiler, dem gestreiften Pyjama, einem zerlotterten Schlafshirt mit weiten Shorts bis hin zur Reizwäsche (eine der religiösen Damen des Herrn Barnhold – selbst unter Schock fiel mir doch auf, dass der Mann wirklich Ge-schmack hatte).

Irgendjemand hatte zum Glück die Feuerwehr gerufen. Doch was dann anrückte, war mir irgendwie peinlich. Es handelte sich nämlich nicht bloß um *einen* Löschzug, sondern gleich um *drei*, und zwar mit allem Drum und Dran.

Einer war regulär bei unserem Notruf ausgerückt, zwei andere kamen zufällig gerade von anderen Einsätzen zurück. Schon ein etwas gigantisches Aufgebot für den Petz, aber wenn schon, denn schon. Polizei war natürlich auch dabei, und vorsichtshalber schon mal ein Krankenwagen. Mit anderen Worten: Straßen wurden ge-sperrt und das halbe Viertel von Feuerwehr, Polizei und Einsatz-wagen zugerammelt.

Wie ich später erfuhr, hatte ich mit meinen bescheuerten Abdeckplatten über sechzig Mann mobilisiert. Wäre es nicht so peinlich gewesen, hätte mich angesichts dieses lebensrettenden Aufgebots fast Stolz erfüllt.

Inzwischen stand ich aber ziemlich doof im Treppenhaus herum und versuchte, den Jungs in Marsmenschen-Montur klarzumachen, was passiert war, wurde aber abgedrängt und mit Schläuchen beworfen. Ein paar Feuerwehrleute hasteten in meine Wohnung, einem weiteren konnte ich die Sache dann doch erklären, während es in meiner Küche rumorte, bis Entwarnung gegeben wurde.

Petz hatte selbst erfolgreich gelöscht, auch wenn er sich dabei zwar einigermaßen tapfer, aber nicht besonders geschickt angestellt hatte. Die Jungs von der Feuerwehr suchten noch nach weiteren Kabelbränden, als mir plötzlich siedend heiß einfiel, dass ich diese Aktion möglicherweise bezahlen müsste. Eine sehr freundliche und mitfühlende Polizistin sprach mich aber frei, schließlich handle es sich eindeutig um einen Unfall. Und ob sie mich ins Krankenhaus bringen sollten?

Krankenhaus?, dachte ich.

»Nein, nicht nötig«, erwiderte ich sozusagen reflexartig. Ich sah mich schon auf der Rückbank eines Polizeiwagens in einer Art Käfig, davongeschleift wie ein Schwerverbrecher.

Allerdings, meine Ablehnung war etwas voreilig. Aber ich brauchte eben, weil nach wie vor etwas geschockt, noch einen Moment um zu begreifen, was los war und weshalb sie fragte. Die Polizistin hatte vor mir entdeckt, dass ich mir bei meiner gewitzten Löschaktion ziemlich übel Hände und Arme verbrannt hatte. Und natürlich musste ich ins Krankenhaus, ganz klar.

»Ich fahre den Herrn Petz«, mischte sich plötzlich eine tiefe Stimme ein. Die von Herrn Hellbaum nämlich.

So ganz grün waren wir uns nie gewesen. Ein großer und irgendwie meist finsterer Kerl, auch wenn er jetzt ein niedliches weißes Snoopy-T-Shirt über dem gewaltigen Bauch trug. Umso überraschender für mich, dass er jetzt einfach so seine Hilfe anbot.

Gesprächig war er nicht besonders, wie ich auf der Fahrt zum Krankenhaus feststellte. Allerdings war ich auch einigermaßen mit mir selbst beschäftigt, meine Hände und Arme brannten wie die Hölle. Hellbaum dachte zu meiner Verblüffung aber mit.

»Halten Se mal Ihre Hände aus dem Fenster«, brummte er. »Fahrtwind kühlt.«

Er hatte recht. Und mir ging bei dieser Gelegenheit auf, wie sehr man zuweilen bei der Einschätzung seiner Nachbarn danebenliegen kann.

»Füllen Sie mal als Erstes dieses Formular aus«, sagte die Empfangsdame in der Notaufnahme des Krankenhauses zu mir, ohne aufzublicken. Sie war gerade in ein sehr wichtiges Kreuzworträtsel vertieft und schien zu glauben, dass mein Zustand nicht so wild sein konnte, solange ich nicht auf allen vieren hereinkroch.

»Dann sagen Se mal zuerst, wie der Mann das machen soll, gute Frau«, brummte Hellbaum sie nachdrücklich an, bevor ich noch irgendetwas sagen konnte. Erst jetzt schaute sie auf, während ich meine Hände hochhielt.

»Ups«, piepste sie. »Dann kommen Sie besser mal sofort mit.«

Hellbaum kam hinterdrein. Er schien an diesem Abend entschlossen zu sein, den Schutzengel zu geben, wofür ich durchaus dankbar war.

Ich fühlte mich nach allem wie durch den Wolf gedreht, was wohl nicht ungewöhnlich ist.

In der Aufnahme kam dann ein junger Pfleger oder etwas Ähnliches herein und besah sich die Verletzungen.

»Die Brandblasen müssen wir natürlich sofort aufschneiden«, stellte er gewichtig fest, »ich hole mal den Kasten.«

Er hatte allerdings nicht mit Hellbaum gerechnet.

»Egal, was für ein Kasten das ist«, schnarrte der, »Brandblasen schneidet man nicht auf. Aus welchem Jahrhundert sind Se denn? Wolln Se vielleicht auch noch Mehl drüberkippen? Oder Öl und Butter?«

»Hören Sie mal, ich werde das ja wohl besser wissen als Sie!«, fauchte der Pfleger, in seiner Autorität verletzt. »Schließlich arbeite ich hier!«

»Jo. Fragt sich, wie lange noch, bei so viel Fachwissen«, meinte Hellbaum ungerührt.

»Jedenfalls wird hier gar nichts geschnitten!«, stellte ich fest. »Eher gehe ich wieder.«

Ich wurde jedoch ignoriert, da sich der Pfleger jetzt in Hellbaum verbissen hatte.

»Mein Fachwissen wird wohl erheblich umfangreicher sein als Ihres! Was sind Sie denn von Beruf?«

»Brandblasenexperte«, entgegnete Hellbaum ruhig. »Ich habe einen Sohn.«

»Ich glaube, ich spinne«, murmelte der Pfleger. Inzwischen schleppte er den »Kasten« an und öffnete ihn – eine wunderbare Sammlung medizinischen Geräts quoll heraus, schön metallisch, mit Skalpellen in allen Größen und Formen, die er seelenruhig neben mir ausbreitete.

»So. Ich hole jetzt den Arzt, dann werden Sie ja sehen«, sagte er giftig. Hellbaum brummte.

Der siegessichere Pfleger kam eine Minute später mit dem Arzt zurück. Der besah sich die Bescherung und sagte: »Aua. Na, dann wollen wir mal.«

Dann schaute er irritiert Skalpellsammlung und Pfleger an. »Wieso haben Sie denn den Kasten geholt?«

»Na, zum Aufschneiden doch.«

»Sie wollen nicht vielleicht auch noch Öl und Butter draufschmieren? Sollen wir die Kantine wieder aufmachen?«

*

Es war wirklich kein guter Abend für mich. Für besagten Pfleger aber auch nicht. Kurz und gut: Ich wurde lediglich mit Salben und

Verbänden versorgt – wie sich das gehört –, während der Pfleger sich belehren lassen musste, dass unter der Brandblase eine offene Wunde liege, die man nicht möglicherweise eindringenden Keimen aussetzen sollte.

Hellbaum stand derweil am Fenster und sah hinaus, ganz ohne jeden Triumph. Vor diesem Abend hatte ich noch gedacht, er würde bei solchen Gelegenheiten vielleicht den Ententanz anstimmen. Doch wie man sieht, kann man mit solchen Schnellschüssen in der Beurteilung anderer höllisch danebenliegen. Ich kann jedenfalls jedem in einer solchen nervenaufreibenenden Situation nur einen Hellbaum an die Seite wünschen. Von Dank wollte er auf der Rückfahrt auch nichts wissen – »Lassen Se mal« –, sondern informierte mich lediglich wortkarg, dass er morgen Abend mit der Familie feiere. Könnte lauter werden.

»Na, dann freue ich mich schon mal auf den Ententanz«, grinste ich. Er warf mir einen Seitenblick zu und sagte ausschweifend: »Jo.«

*

Eigentlich hatte ich erwartet, in eine stockdunkle Wohnung zurückzukommen. Stattdessen war Licht an und Barnhold stand in meiner Tür. Auch mit einem Kasten, allerdings einem stinknormalen Werkzeugkasten.

»Ihre Elektrik ist wieder klar, aber der Herd ist nicht zu retten. Hab ich abgenommen.«, sagte er.

»So was kann ich nämlich auch noch«, setzte er grinsend hinzu, tippte sich an die nicht vorhandene Mütze und ging wieder nach unten. Ich hoffte für ihn, dass sein verführerischer Besuch in Reizwäsche nicht inzwischen gegangen war.

War er auch nicht. Eine knappe Stunde später begannen wieder die inbrünstigen Gebete aus Barnholds Wohnung.

»Oh Gott. Oh-mein-G-G-G-Gott! Oh, Gottogott!«

DER TUT NICHTS, DER WILL NUR TRINKEN!

Das also war meine Abschiedsvorstellung im Glashaus, und seither bin ich vermutlich einer der feuersichersten Mieter Deutschlands. Etwas Blödes dieser Art passiert einem nur einmal, danach schaut man sehr genau hin, was man tut. Außerdem hatte ich an jenem Abend schlagartig gelernt, dass Nachbarn auch ein Geschenk sein können, sogar eines, das man möglicherweise gar nicht verdient hat. Zwischenmenschliche Solidarität nennt man das wohl. Oder einfach bloß Nachbarschaftshilfe. Selbstverständlich ist sie allerdings nicht.

*

Da weder Claudia noch ich sehr viel Geld hatte, ähnelte unsere erste gemeinsame Wohnung nicht unbedingt ganz dem Palast, den wir uns in der ersten Euphorie vorgestellt hatten. Zwar ein Altbau, allerdings mehr einer für das gemeine Volk. Von daher war nichts mit Stuck, hohen Decken, großzügig geschnittenen Zimmern und riesigen Kastenfenstern. Tatsächlich kam die Wohnung eher ein wenig puppenstubenmäßig daher. Drei kleine Zimmer, ein etwas abgelatschter Holzfußboden, kleine Fenster und eine Dusche in der Küche, eingebaut in die ehemalige Vorratskammer. Das Ganze, natürlich, hellhörig, aber wenigstens nicht ganz so sehr wie im »Glashaus«.

Von daher war ich der Meinung, einen Schritt in die richtige Richtung gemacht zu haben. Allerdings erwartete ich mir auch nicht besinnliche Ruhe, denn gelegen war die Wohnung in einem (im Prinzip ganz hübschen) Hinterhof mit circa vierzig Parteien. Winzige Gärtlein vor den niedrigen Häusern gab es auch noch, theoretisch jedenfalls, meist jedoch überfüllt mit Tischen, Sitzbänken, Sandkisten und Kinderspielzeug jeder Art. Tagsüber also Kindergarten, abends Party. Trotzdem, alles in allem eigentlich ganz sympathisch. Der Hof sah nach einem vermutlich lebendigen, aber freundlichen Zusammenleben aus.

Und so war es dann auch, wobei viel weniger Kindergarten sowie Party stattfand, als ich zuerst geglaubt und worauf ich mich eingestellt hatte. Aber umso mehr nette Menschen gab es – na, die meisten jedenfalls –, und der Rest war immerhin neutral, sogar Hausmeister Feinmeier, zumindest, solange er nicht nüchtern war. Vor zehn Uhr morgens sollte man Feinmeier nicht ansprechen, lernte ich bald, aber nach zehn war er der beste Kumpel, red- und weinselig und überschäumend vor lauter gutem Willen. Schade nur, dass daraus meist nichts wurde. Immerhin, wenn etwas in Haus oder Wohnung zu erledigen war, konnte man ihn durchaus ansprechen. Dann bekam man viele gute Tipps, ein zuweilen sogar bereicherndes Gespräch und obendrein noch die stets folgenlose Versicherung, er werde sich um alles kümmern.

Natürlich verfügte Feinmeier auch über einen echten Hausmeisterkeller: Sein persönliches Reich, in dem er mehr oder weniger den ganzen Tag hockte – überfüllt mit uraltem Werkzeug, Schrott jeder Art, Ersatzteilen und zwei Uraltfernsehern. Zusätzlich gab's noch eine beträchtliche Batterie von Spirituosen zu bewundern, und eine noch größere von leeren Flaschen.

Aber schließlich war Feinmeier durch seine ebenso hochprozentige wie unerschütterliche Freundlichkeit einigermaßen beliebt, immer für ein Schwätzchen da und gegen Kinder und Partys hatte er auch nichts. Er tat einfach – nichts, ging aber dafür auch niemandem auf die Nerven, was weitaus mehr ist, als man von vielen anderen in seinem Beruf sagen kann. Ansonsten half man sich eben selbst oder fragte beim Nachbarn nach: Auf diese Weise können nichtstuende Hausmeister sehr wohl etwas für die Gemeinschaft tun und sie ein wenig flott machen, so ist's nicht.

*

Damals schon fiel mir auf, dass man, wenn man irgendwo einzieht, ein wenig über die Nachbarn informiert sein sollte, vor allem über deren Gemütsverfassung. Noch besser ist es allerdings zu wissen, welche Berufe unter ihnen so vertreten sind.

Alex zum Beispiel hat es da wunderbar getroffen. In seinem Haus mit lauter Eigentumswohnungen hat er lauter praktische Nachbarn: einen Anwalt, einen Handwerker, einen Allgemeinmediziner, einen Computerfachmann und einen Steuerberater. Dagegen fällt er natürlich als bloßer Naturwissenschaftler etwas ab, praktisch ist er so gesehen nicht gerade. Allerdings konnte er der Tochter des Computerspezialisten per Nachhilfe die Noten in Physik und Chemie retten, und das ist doch auch schon mal was. Nicht, dass er pädagogisch besonders begabt wäre, aber offenbar flößte er ihr so viel Furcht ein – einfach dadurch, dass er eben ist, wie er ist –, dass sie plötzlich lernte wie verrückt und schließlich mit Ach und Krach durchkam.

Doch zurück zum Hinterhof.

Letztlich mag es hier und da mal etwas laut gewesen sein, aber alles in allem raufte man sich zusammen ohne größeres Blutvergießen. Die Kinder ließ man eben toben, schließlich gehört das zum Leben dazu. Und bei den Partys machte man irgendwann klare Ansagen, wenn's einem zu bunt wurde. Zuweilen half man sich auch mal gegenseitig. So gesehen keine größeren Probleme.

Das sollte sich allerdings bald ändern. Doch bevor die ernsthaften Probleme begannen, zog erst einmal Andrea ein.

13

MORITZ HÖRT EIN HU!

2008 kam ein hübscher Zeichentrickfilm heraus. *Horton hört ein Hu!* hieß er und basierte auf einem Kinderbuch aus den Fünfzigerjahren.

Nun heiße ich zwar nicht Horton, aber ich habe auch schon mal ein »Hu!« gehört. Was heißt eines, nein, eher schon dutzende Hus. Allein war ich damit auch nicht. Vielmehr war der gesamte Hinterhof beteiligt.

Ich finde ja, ganz ehrlich, dass jeder nach seiner Fasson glücklich werden sollte. Alles, was eben noch tolerierbar ist, toleriere ich auch – manchmal vielleicht allerdings, weil ich zuweilen einfach zu faul bin, um mich groß aufzuregen.

Nun sorgte die Cremeschnecke, die frisch in unseren Hinterhof gezogen war, aber für einige Aufregung. Eben auf Grund besagter Cremeschneckenhaftigkeit. Ein langbeiniges Geschoss der Extraklasse, und hätte ich damals nicht schon Claudia an meiner Seite gehabt, die ihrerseits wenig bis nichts zu wünschen offen ließ, wer weiß …

Das Urteil der weiblichen Nachbarschaft verstand sich. Hier war selbstverständlich eine läufige Tigerin in das Revier eindrungen und noch dazu ein ganz billiges Exemplar: Allein schon der Rock und die engen T-Shirts, und wie die sich schminkt, da weiß man doch gleich Bescheid, wahrscheinlich kostet die keine zehn Taler, wenn die überhaupt Geld nimmt. Und okay, sie sieht zwar gesund aus – aber ob sie's auch wirklich ist?

Das Urteil der männlichen Belegschaft fiel ein wenig freundlicher aus: eine, ähem, irgendwie ganz interessante Frau. Und so ein freundliches Lächeln, da hilft man doch gern, falls sich die Notwendigkeit ergibt, und begrüßt sie freundlich in der Gemeinschaft. So soll es doch auch sein, oder?

Ich fand das Phänomen, dass plötzlich nicht die Frauen (egal welcher Altersklasse) ihre sozial-mitfühlende Ader entdeckten, wie normalerweise, sondern ausgerechnet die Kerle, bereits damals interessant. Vermutlich hätten sie sich bei Einzug und leichten Startschwierigkeiten eines extrem langbeinigen Mannes eher weniger gerührt.

Der meist barfüßige (Niedlich! Eigenwillig! Interessant!) Traum in Mini und hautengem Top hieß also, wie ich anderntags, natürlich rein zufällig, erfuhr, Andrea. Sie war gerade neunzehn, Eltern Luise und Erwin, sie Anwaltsgehilfin, er irgendwas in einer Behörde, aber harmlos. Einen festen Freund hatte Andrea bei Einzug anscheinend nicht. Außerdem machte sie eine Ausbildung zur Zahnarzthelferin bei Doktor Kleinschmidt drei Straßen weiter, und irgendwie wusste sie einfach nicht, wie man dieses blöde Regal eines bekannten Möbelherstellers zusammenschrauben sollte.

Dafür wussten es drei Hinterhofjungs oder gaben es zumindest vor, und bekamen sich deshalb fast in die Wolle, da keiner das Feld räumen wollte.

*

So viel zu den Eckdaten. Soll noch mal einer behaupten, Männer wären in puncto Informationsbeschaffung nicht auf Zack. Doch, doch, wir können da durchaus mit den Frauen mithalten, wenn's sein muss.

Nun, mein Wissensdurst war damit gedeckt. Ich hatte zudem nicht wirklich den Ehrgeiz, Möbelschrauber zu werden, und blöderweise war ich auch gerade erst beim Zahnarzt gewesen. Vor allem aber befand ich mich schließlich in festen Händen, die zudem in den nächsten Wochen noch erstaunlich innovativ, geradezu kreativ wurden, was aber, logisch, ganz gewiss nicht in irgendeinem Zusammenhang mit der jungen hungrigen Tigerin von schräg gegenüber stand.

So weit, so genüsslich also.

Andrea war ein netter gelegentlicher Anblick, und damit war es gut.

Oder: Wäre es gut gewesen. Bedauerlicherweise aber stellte sie sich nicht nur als ein optisches, sondern auch als akustisches Phänomen heraus. Und nicht bloß sie.

Und so kam es, dass ich eines Morgens ein »Hu!« hörte.

*

Angeblich ist es ja eine der wenigen Vergnügungen von Engeln, heimlich die Gesichter von Menschen beim Sex zu bestaunen. Das soll enorm unterhaltsam sein, vor allem mal wieder die Grimassen der Kerle. (Gut, dass ich so was nicht sehen muss, und ehrlich gesagt, bin ich in diesem Zusammenhang Spiegeln immer ausgewichen.) Auf menschlicher Ebene darf man sich dagegen häufiger mit akustischen Phänomenen jeder Art begnügen, und selbst die sind noch zu viel. Von mir aus mag ich altmodisch und spießig sein, aber wenn ich am Wochenende frühmorgens um halb fünf von animalischen Lustschreien, Gestöhne und seltsamen libidinösen Kampflauten (»Hu!«) geweckt werde, erhöht das nicht unbedingt meine Laune, und es versetzte auch weder Claudia noch mich in die Stimmung, es Andrea und ihrem Bettgefährten gleichzutun.

Ein bisschen was war ich ja von meinem Ex-Nachbarn Barnhold gewohnt. Aber das hier ging wirklich über alles Zumutbare weit hinaus. Und ich finde durchaus, dass jeder nach seinen Vorstellungen glücklich werden soll. Allerdings hört die persönliche Freiheit da auf, wo die des anderen anfängt. Oder?

Fenster schließen wäre da jedenfalls schon mal ein Schritt in die richtige Richtung gewesen. Die Fenster im Hinterhof knallten dann auch massenhaft zu, während das Gejohle aus Andreas Wohnung fröhlich und bei weit geöffneten Fenstern weiterging. Und weiterging. Und weiterging.

Was hatten die eigentlich geraucht?

Oder wie viele Pillen hatte der Kerl geschluckt?

Egal. Als ich dann später zum Brötchenholen ging, schlurften jede Menge miesepetrige und übermüdete Gestalten aus dem Hof mit mir zum Bäcker. Kann sein, dass der eine oder die andere auch eifersüchtig war. Aber uns alle verband vor allem eines:

Wir waren unausgeschlafen und müde.

Sehr müde.

Okay. Man soll sich nicht so anstellen, Derartiges kommt schließlich mal vor. Vielleicht nicht geschickt, wenn man weiß, dass auch Kinderzimmer auf den Hinterhof rausgehen, aber entweder schlafen die lieben Kleinen um diese Zeit eh noch und würden sich selbst von Kanonendonner nicht wecken lassen, oder sie hocken schon vorm Fernseher und gucken Trickfilme. Also gut, Schwamm drüber, jedem seinen Spaß.

Gilt das dann allerdings auch für Sonntagmorgen um sechs? Und für die folgenden Wochenenden? Freitagnacht, Samstagmorgen, Sonntagfrüh?

Nun stellte sich heraus, dass Andrea keineswegs wahllos war. Ihr Auserwählter war zwar ein schmales Hemd, dem man sexuelle Höchst- oder zumindest Dauerleistungen ganz sicher nicht zugetraut hätte. Dafür röhrte er aber wie ein angeschossener Hirsch, und offensichtlich fühlte sich Andrea zumindest verpflichtet, besagtes Röhren mit wenig engelhaftem Gejauchze und Geblöke zu erwidern.

Vielleicht wandte sie auch bloß die beliebte Technik an, sich selbst ein wenig hochzujubeln und so etwas in Fahrt zu bringen. Fest stand aber, dass sie keineswegs mit einer Gesangsstimme gesegnet war. Und renitent war sie dann auch noch.

Als man ihr einigermaßen schonend beizubringen versuchte, dass sie entweder mal die Fenster schließen oder aber wenigstens ein intensives Interesse für Knebel entwickeln sollte, reagierte sie bloß bockig und fuhr die Krallen aus.

Da waren die bisher ganz coolen Hinterhöfler plötzlich ein Haufen neidischer Spießer ohne eigenes Sexleben, die einem aus lauter Frust den Spaß verderben wollten. Sex vertrüge eben keine Tabus und Einschränkungen, das mache ihn sofort langweilig. Was wollten die einem etwa noch alles vorschreiben? Und überhaupt, wenn's da schon anfängt! Ihr den Spaß verderben? Niemals! Sie würde sich jedenfalls nie beschweren, wenn sie die anderen vielleicht mal dabei hören würde! Und Kinder? Pah, denen könne man alles erklären, man dürfe sich nur nicht so anstellen. Außerdem sei der Sommer heiß und man ersticke schier im Zimmer, wenn man die Fenster zumachen würde. Und aus die Maus!

Wenn man das so hörte, kam man sich plötzlich tatsächlich wie ein öder Spießer und Tyrann vor. Dabei ging's bloß darum, schlafen zu können, wenn man gerade wollte, oder jedenfalls einigermaßen ausschlafen zu können, und um nichts anderes. Denn wer will schon seinen Lebensrhythmus nach dem Liebesleben der Nachbarin einstellen?

Die Sache zog sich eine Weile hin. Andrea, die vielleicht zu Hause gelernt hatte, mit allem durchzukommen, auf der einen Seite, und ein mit der Zeit immer mehr entnervter und übermüdeter Hinterhof auf der anderen, dem es unmöglich war, dann auszuschlafen, wenn es theoretisch möglich gewesen wäre.

Bis eines schönen Samstagmorgens, kurz vor sechs – Andrea war mit ihrem Hengst vermutlich gerade aus der Disco nach Hause gekommen – das Gejohle erneut losging.

Diesmal jedoch knallte kein Fenster zu. Stattdessen brüllte irgendjemand, genau wie eben gerade Andreas Hengst, »Hu!«, sozusagen im gleichen Rhythmus. Und dann fiel eine weitere Stimme ein. Und noch eine. Schlafen konnte ohnehin keiner mehr, und so entlud sich nun tatsächlich ein gewaltiger Frust, der weniger von mangelndem Sex als von mangelndem Schlaf herrührte. In kürzester Zeit war der gesamte Hinterhof auf den Beinen und an den Fenstern versammelt und brüllte »Hu!«, wobei einer zur Untermalung sogar noch eine Kuhglocke zu Gehör brachte. Der Lärm, bald noch zusätzlich unterstützt von Kinderratschen, wurde geradezu infernalisch, so ungefähr, als wenn ein Biathlet auf seiner Hausbahn einen grandiosen Sieg einfährt und die Zuschauer sich vor Begeisterung kaum noch halten können. Hinzu kam, dass, aus welcher Laune der Architektur heraus auch immer, der Hinterhof ohnehin schon ein akustisches Phänomen darstellte, sodass beinahe schon zu hören war, wenn bloß eine Stecknadel zu Boden fiel. Kurz und gut, der höllische – aber hübsch rhythmische! – Krach ließ Türen und Fenster erzittern.

Und dann knallte doch ein Fenster zu: Eben das Fenster, um das es gegangen war. Woraufhin der Krach langsam wieder abebbte und zuletzt in ein, zugegeben, etwas pubertäres Gekicher überging.

Als ich später zum Brötchenholen ging, begegneten mir wieder die üblichen übermüdeten Gesichter. Trotzdem war das Grinsen allgemein, und einer fragte mich, woher ich eigentlich diese Kuhglocke hätte. Natürlich stritt ich alles ab, empfahl aber schließlich doch einen hübschen kleinen vierteljährlichen Flohmarkt. Der war allerdings bereits bekannt. Wie ich hörte, konnte man dort auch billige Kinderratschen erstehen.

Blieb letztlich die Frage, wie Andrea die Sache nehmen würde. Doch siehe da – selbst Andrea erwies sich schließlich als lernfähig. Ein paar Tage schlurfte sie zwar mit finsterem Gesicht durch den Hof, aber schließlich gab sich auch das. Ein »*Hu!*« hörten wir nie wieder. Wer weiß, vielleicht hatte sie ja doch ihr Interesse für Knebel entdeckt.

14

EINE FESSELNDE BEZIEHUNG

Ich hatte da ja auch mal so ein Problem«, meinte Alex, nachdem ich die Geschichte an unserem Herrenabend erzählt hatte. »Aber … ach nee, lassen wir das mal lieber.«

»He, komm schon! Erst anheizen und dann einen Rückzieher machen geht gar nicht«, sagte ich.

»Eben«, stimmte Leo zu. »Was gibt es Interessanteres als das Sexleben der Nachbarn?«

»Na, so witzig war das nun auch nicht, eher traumatisch.«, meinte Alex.

»Egal. Rück raus damit«, forderte Leo. Nach längerem Hin und Her ließ Alex sich schließlich breitschlagen.

»Also gut. Das war in meiner zweiten Wohnung. Oder war's die dritte? Keine Ahnung. Jedenfalls … okay, ihr kennt mich ja. Ich habe die begründete Meinung, dass Frauen vor allem dazu da sind, Männerleben in unverantwortlicher Weise durcheinanderzubringen. Irgendwie sind sie wie diese Nadeln zur Wurzelbehandlung beim Zahnarzt. Sie ziehen einem den letzten Nerv. Frauen sind sicherlich ein notwendiges Übel, zur Replikation der Menschheit, zumindest wenn man der Ansicht ist, die Menschheit sollte nicht untergehen. Das ist ja diskutabel. Ansonsten erscheinen sie mir allerdings eher als störend.«

(Ich muss dazu sagen, dass Alex sich gerade in einer ziemlichen Frustphase befand. Es war noch nicht lange her, dass er mit seiner letzte Beziehung Schiffbruch erlitten hatte, und in solchen Zuständen neigt wohl beinahe jeder zu ebenso extremen wie pauschalen Ansichten.)

»Ja, ja«, drängelte ich. »Jetzt mach schon.«

»Gut«, sagte er, »aber ob nervig oder nicht, was ich auf den Tod nicht leiden kann, ist, wenn ein Kerl eine Frau schlägt. Da stellen sich mir die Nackenhaare auf. Sogar dann, wenn ich finde, dass sie es verdient hätte.« Düster starrte er einen Moment in sein Glas, und ich konnte mir in etwa vorstellen, was ihm gerade durch den Kopf ging. Er war von seiner Ex übel absorviert worden.

»Jedenfalls, nachdem ich damals neu eingezogen war, stand ich ziemlich bald vor genau diesem Problem. Aus der Nachbarwohnung nebenan kriegte ich ziemlich komische Geräusche zu hören.«

»Was für welche?«, fragte Leo neugierig.

»Tja … Komische, eben. Erst so ein fast pfeifendes Geräusch. Oder soll man es als sausend klassifizieren? Und Klatschen, mehrmals. Ziemlich deutlich. Dann so ein unterdrücktes Jaulen. Ich kriegte fast einen Anfall. Erst habe ich versucht, es zu ignorieren. Wer mischt sich schon gern ein, aber … Jedenfalls, ich muss es zugeben, habe ich dann mal näher hingehorcht. Und du, Moritz Petz, schreibst *diese* Geschichte gefälligst nicht auf!«, unterbrach er sich und starrte mich drohend an.

»Großes Autorenehrenwort«, versprach ich, hob die Schwurhand meiner Zunft und sah ihn so harmlos an wie ein possierliches Kaninchen. Unter dem Tisch kreuzte ich mit der anderen Hand die Finger, wie sich das gehört.

»Okay«, warf Leo ein, »du hast also näher hingehört. Lass mich raten. Du hast ein Glas genommen, es umgedreht gegen die Wand gelegt und dein Ohr daraufgepresst.«

»Tja, ähm … egal wie, ich bekam jedenfalls schon so eine Art akustischen Überblick. Für mich war klar, dass er sie schlug.«

»Bist du denen vorher mal begegnet?«

»Ja, sicher. Im Treppenhaus. Ganz normale Leute, dachte ich eigentlich. Eher gutbürgerlich, wenn du so willst. Etwa Mitte vierzig. Sie blondiert und mit Schminke zugekleistert und er mit gutem Bauchansatz.«

»Und weiter?«

»Tja, weiter … ich konnte mir dieses Sausen oder Pfeifen nur so erklären, dass er sie mit irgendeinem Gegenstand schlug. Keine Ahnung. Dann hörte ich sie auch noch stöhnen. Ich bekam einen tierischen Hals! Eigentlich war bloß noch die Frage, ob ich selber rübergehe und ihn vermöbele, oder ob ich gleich die Polizei rufe.

So was ist echt ein No-Go. Aber gerade, als ich beschlossen hatte, ihm persönlich eins aufs Maul zu geben, hörte es auf.«

»Und dann?«

»Kleine Pause. Dann fing das Quietschen und Knarren an.«

»Quietschen und Knarren?«

»Ja. Kam anscheinend von ihrem Bett. Hatten wohl gleich darauf Versöhnungssex oder so.«

»Und du?«

»Also *das* wollte ich mir bestimmt nicht geben. Ich hab das Glas dann wieder in den Schrank gestellt.«

Leo lachte.

»Du hast also nicht eingegriffen?«, wollte ich wissen.

»Erst mal nicht. Wie gesagt, das mit dem Einmischen in das, was in den vier Wänden der Nachbarn geschieht, ist schließlich schon etwas heikel. Jedenfalls für denkende Menschen. Privatsphäre und so.«

»Und du als denkender Mensch hast also gar nichts getan?«

»Gerade du solltest wissen, dass menschliche Beziehungen vielfältig sind, Leo. Manche sind sogar noch in ihrem Unglück glücklich. Ach, was rede ich! Mir war das einfach zu unklar. Außerdem war ich gerade erst eingezogen. Da ist man noch zusätzlich unsicher. Aber die Geschichte ging ja noch weiter.«

»Nämlich?«

»Na ja. Die Sache wiederholte sich gelegentlich. Manchmal sogar am frühen Morgen, bevor sie aus dem Haus gingen. Dann allerdings ohne Quietschen und Knarren.«

»Aha«, entgegnete Leo fröhlich.

»Ich habe sie dann mal abgepasst, als ihr Mann nicht zu Hause war. Ziemlich peinlich irgendwie, jedenfalls sagte ich ihr, wenn sie Hilfe bräuchte, ich würde gleich nebenan wohnen. Egal, was wäre.«

»Ein feiner Zug von dir.«

Alex zuckte die Achseln.

»Kann sein. Aber sie machte eher einen verwirrten Eindruck.

Das sei zwar sehr nett von mir, aber Gott sei Dank habe sie einen sehr fürsorglichen Mann, der sich um alles kümmere. Tja. Was soll man von so einer Antwort halten? Schließlich gibt es auch Frauen, die so von ihren prügelnden Kerlen verängstigt sind, dass sie sich nicht mal trauen, um Hilfe zu bitten. Also war ich genauso schlau wie vorher.«

»Was machte sie denn für einen Eindruck auf dich?«, fragte ich.

»Na, das war's ja gerade. Sie kam mir überhaupt nicht verängstigt vor. Im Gegenteil. Ziemlich selbstbewusst und tough. Nicht gerade das Bild einer gequälten Seele.«

Leo lachte laut.

»Okay, und dann?«

»Tja, was sollte ich groß machen? Eine Weile habe ich versucht, die Geschichte zu ignorieren. Ging aber nicht sehr gut. Ich hab auf den Kerl einen echten Hass entwickelt. Dabei war der noch verdammt freundlich, wenn man ihm begegnete. Hätte ich diese akustische Info nicht gehabt, ich hätte ihn für einen ganz guten Typen gehalten. Trotzdem, mir ließ das keine Ruhe. Wie gesagt, ein No-Go. Aber gerade, als ich beschlossen hatte, mich beim nächsten Mal egal wie massiv einzuschalten, passierte was anderes. Mitten in der Nacht. Ich kam eben nach Hause, als ich von drüben ganz komische Rufe hörte.«

Alex nahm einen tiefen Schluck Bier.

»Komische Rufe? Mach's nicht so spannend«, drängelte ich.

»Na, Hilferufe eben.«

»Hilferufe? Und was war an denen komisch?«

»Schwer zu erklären. Die klangen irgendwie so halbherzig. Nicht so, als ob jemand jetzt ums liebe Leben brüllt, allerdings aber schon irgendwie eindringlich. Doch egal, ich habe dann geklingelt und geklopft, nur, dass keiner aufmachte. Dann fiel mir ein, dass ich's über den Balkon versuchen könnte. Also bin ich rein in meine Wohnung und zum Balkon. Dann hab ich mich rübergeschwungen, um wenigstens durch die Scheibe zu sehen, was los ist.«

»Du Wahnsinniger!«, sagte Leo. »Nicht mal Polizei geholt oder so?«

»Nee. Einfach nicht dran gedacht. Ich glaubte auch, es muss schnell gehen. Hätte ja brennen können oder sonst was. Die Balkontüre stand offen und ich bin also rein in die Wohnung … Erst mal war da nichts im Wohnzimmer. Dann hab ich ›Hallo?‹ gerufen, und daraufhin kam von ihr so ein klägliches ›Bitte, könnten Sie mir helfen?‹ aus dem Schlafzimmer. Ich gehe hin und mache die Tür auf, und da sah ich die Bescherung.«

»Nämlich?«

»Erst mal lag da ein dicker Typ in einem Latexanzug mit Gasmaske auf dem Boden. Und sie lag auf dem Bett. Nackt. Angebunden an Händen und Füßen.«

Alex grinste und schien die Geschichte im Nachhinein doch ziemlich amüsant zu finden.

»Dann hab ich dem Mann die Gasmaske runtergezogen. Ich dachte schon wer weiß was, irgendein Triebtäter oder so wäre bei ihnen eingebrochen. Aber was soll ich sagen? Es war bloß mein lieber Nachbar. Zuerst hab ich geglaubt, er wäre tot, aber nö. War einfach umgekippt. Vielleicht war der Anzug doch zu eng oder die Maske hatte zu wenig Sauerstoff durchgelassen. Oder er war einfach einen Tick zu sehr in Fahrt. Jedenfalls hab ich ihm eine geklebt, und er kam dann wieder zu sich.«

»Sehr einfühlsam«, bemerkte ich. »Und allen Vorschriften entsprechend.«

»Also Mund-zu-Mund-Beatmung kam da echt nicht für mich infrage. Danach hab ich meine Nachbarin vom Bett losgemacht. Hat aber eine Weile gedauert, mit Fesselungen kannte sich der Typ nämlich wirklich aus.«

Ich war mir ja nicht so sicher, ob es nur daran lag, wollte Alex aber auch nicht zu nahetreten.

»Na ja«, fuhr er fort, »es war schon ziemlich komisch und peinlich irgendwie. Sie hat sich ihren Morgenmantel geschnappt und ihren Mann versorgt. Brauchte dann aber noch Hilfe, um ihn aus dem Anzug zu schälen. Ich kann euch sagen … von dem Anblick hab ich mich wochenlang nicht erholt.«

»Jaja«, sinnierte Leo, »die Spielarten der Liebe … so vielfältig wie die Menschen selber.«

»Jedenfalls war mir danach klar, was es mit dieser Geräuschkulisse von drüben auf sich hatte. Das ganze Schlafzimmer sah aus wie ein SM-Studio. Sogar ein Andreaskreuz hatten die. So viele Informationen wollte ich gar nicht haben.«

»Aber immerhin hat sich die Sache dann ja aufgeklärt und als, na ja, harmlos entpuppt.«

»Eben. In Zukunft haben sie sogar ein bisschen Rücksicht genommen. Wenn's da zur Sache ging, haben sie Wagner aufgelegt. Den *Walkürenritt*.«

Alex grinste breit.

Mich dagegen erinnerte der Gedanke an laute Musik an etwas anderes. Ich fand mich urplötzlich wieder in den Hinterhof zurückversetzt, in dem ich zuerst mit Claudia gewohnt hatte. Unangenehmerweise, denn unsere Wohngeschichte dort war weitaus weniger spaßig weitergegangen, als wir uns das gewünscht hatten.

15

GUERILLAKRIEG IM HINTERHOF

Guten Tag, mein Name ist Grieshaber, ich bin Ihre neue Nachbarin. Gleich nebenan. Und übrigens bin ich Gasfetischistin.«

»Guten Tag ... und willkommen, aber – Sie sind was?«

Die Dame mir gegenüber war sehr groß – dabei gehöre ich nun wirklich nicht zur Truppe der Zwerge, musste aber trotzdem hochblicken – und sehr ... sagen wir, schwer.

»Gas, ich koche am liebsten mit Gas. Es ist doch allgemein bekannt, dass man nur mit Gas vernünftig kochen kann. Sie erreichen kulinarische Feinheiten nie mit diesen Elektroherden.«

»Aha ... ach so, ja. Stimmt wahrscheinlich.«

Ich musste immer noch den Ausdruck »Gasfetischistin« verdauen, während sie mir erklärte, dass sie sich umgehend mit der Hausverwaltung in Verbindung setzen wolle, damit das Gas wieder angestellt würde.

»Ja. Deshalb werde ich mich dafür einsetzen, dass die Hausverwaltung das Gas hier im Haus wieder anstellt.«

»Ja, okay ...«

»Prima. Dann habe ich Sie ja schon mal auf meiner Seite. Und Sie wohnen hier mit Ihrer Frau?«

»Sozusagen, ja.«

»Ach, junge Liebe! Es wohnen wohl viele junge Leute hier, vermute ich, wenn man den Hof so sieht.«

»Einige schon, da haben Sie recht.«

»Na, dann auf gute Nachbarschaft!«

Sie nickte freundlich und stapfte wieder von dannen. Ich schloss die Wohnungstür mit einem Achselzucken.

Gut, eine neue Nachbarin also. Vielleicht ein bisschen skurril, aber ich dachte mir nichts weiter dabei. Vermutlich hätte ich ein bisschen skeptischer sein sollen.

Zieht gerade ein und zeigt gleich mal dynamischen Umgestaltungswillen? Und aha, junge Leute im Hinterhof, wie man sofort sieht? Und hatte mich sozusagen stehenden Fußes auf ihrer Seite? Hm.

Doch skeptisch war ich eigentlich nur, wenn ich einen Blick auf die uralten Gasrohre in unserer Wohnung warf. Die waren mir noch nie ganz geheuer gewesen, und im Grunde war ich froh, dass sie nicht in Betrieb waren. Allerdings, übertriebenes Misstrauen anderen gegenüber ist eigentlich auch fehl am Platz und belastet einen bloß. Außerdem kam sie ganz freundlich daher. Zunächst.

So empfand übrigens der gesamte Hinterhof, denn Frau Grieshaber beließ es nicht dabei, sich nur in unserem Haus vorzustellen, sondern klapperte alle Häuser ab. Eigentlich recht nett, oder? Auch mit Hausmeister Feinmeier hielt sie ein Schwätzchen.

Das, und einige weitere Plaudereien, sollte er allerdings noch bitter bereuen.

*

Was die Sache mit dem Gas anging, setzte sich die Grieshaber nicht durch, was mich nicht weiter überraschte. Vielleicht war das der erste Frustpunkt bei ihr. Aber zunächst noch blieb alles ruhig, mehr oder weniger. Allerdings fand die Grieshaber, wie sie gelegentlich mal fallen ließ, die vielen Fahrräder in den Durchgängen und im Hof selbst nicht sehr erbaulich. Diverse wären ja auch schon schrottreif, und das Wertvollste an ihnen noch die Fahrradschlösser, sofern überhaupt vorhanden. Man sollte doch mal aussortieren, viele würden bestimmt nicht mehr benützt und nur so geparkt. Und das Kinderspielzeug läge auch überall herum, man könne zum Beispiel stolpern und sich das Genick brechen oder Schlimmeres. Das waren alles Anregungen, die sie mit Feinmeier besprechen wollte. Und ob man die winzigen Hinterhof-Vorgärten nicht etwas schöner gestalten könnte. Eben wie kleine Gärten, mit Blumen und Büschen. Sandkisten hätten da eigentlich auch nichts zu suchen. Viele von den Tischen, Stühlen und Bierbänken draußen wären zudem wohl eher Sperrmüll, und die Deko der letzten Party könnte auch mal wieder herunter, inzwischen hätte es sowieso geregnet und das ganze Zeug würde bloß anfangen zu modern. Natürlich, die Jüngeren hätten für so etwas keinen Blick, aber da könne man ihnen ruhig etwas auf die Sprünge helfen, um den Hinterhof *schön* zu gestalten.

Auch nur so ein paar Anregungen, die sie mit Feinmeier besprechen wollte.

*

Bierselig wie so oft, versprach Feinmeier wie üblich, sich um alles zu kümmern, und zog sich daraufhin wieder zufrieden in seinen ominösen Hausmeisterkeller zurück. Allerdings hatte er da nicht mit der Grieshaber gerechnet, die ihr Rentnerdasein durch eine Tätigkeit als zweite Vorsitzende des Trachtenvereins aufzupeppen versuchte (bisher war es ihr noch nicht gelungen, die Macht ganz zu ergreifen) und sich gelegentlich mit exzessiver Polkamusik aufputschte. Sie jedenfalls war ganz und gar nicht bereit, sich mit ein paar Tipps und netten Worten abspeisen zu lassen. Und so folgte dann nach einem halben Jahr die erste Beschwerde an die Hausverwaltung, als Testballon zum Thema Fahrräder. Tatsächlich reagierte die Verwaltung prompt, auch mal etwas anderes, und Feinmeier bekam zu einem festgesetzten Termin den Auftrag, sämtliche scheinbar herrenlose Fahrräder (d.h. solche ohne Schloss) auszusortieren und erbarmungslos zu entsorgen. Woraufhin schon mal zwei Mietparteien ihrer Räder beraubt wurden, weil sie die vertrauensvoll nie anschlossen und Feinmeier sich nicht merken konnte, wem was gehörte.

*

Kurze Zeit später flatterte allen ein Brief betreffs herumfliegendes Kinderspielzeug zu, das eine erhebliche Sturzgefahr darstelle und sofort zu beseitigen wäre. Feinmeier wurde angewiesen,

Bobbycars und Spielzeug jeder Art einzusammeln, sofern es im Hofdurchgang herumlag oder -stand. Hier allerdings leistete er passiven Widerstand, da ihm zum einen Kinder wurscht waren und er zweitens gar nicht daran dachte, hinter ihnen auch noch herzuräumen.

Die Grieshaber registrierte dies. Folglich ließ sie nicht locker, und Feinmeier stand nun ganz oben auf ihrer Abschussliste. Gleich danach kamen übrigens, vorläufig, Claudia und ich. Wir wurden wegen Musik (nicht Wagner), nächtlichen Möbelrückens – klar, wir hatten des Nachts auch wirklich nichts Besseres zu tun – und sehr wahrscheinlich unserer bloßen Existenz wegen von der Verwaltung zu mehr Rücksichtnahme gebeten, vorläufig, vermutlich zum Verdruss der Grieshaber, ohne Abmahnung.

Anderen Parteien erging es bald kaum besser, insbesondere, was die mittägliche Ruhezeit anbetraf. Die durfte zwar scheinbar schon von Johann Strauss' Tritsch-Tratsch-Polka durchbrochen werden, nicht aber von Kinderspielen, Lachen, »lautstarken Gesprächen im Hinterhof« oder sonst irgendetwas, das auch nur annähernd Leben ähnelte. Kurz, nach gut einem Jahr fing es im Hinterhof an zu brodeln, was fraglos auch mit den plötzlichen Polizeieinsätzen nach zweiundzwanzig Uhr zusammenhing, die ohne Vorwarnung über die friedlich Feiernden hereinbrachen, die das aus der Vergangenheit ganz und gar nicht gewohnt waren. Das war auch in etwa der Zeitpunkt, zu dem Feinmeier gekündigt wurde.

Nach diesem grandiosen Sieg trieb die Grieshaber, die sich nicht enthalten konnte, bei einer Gelegenheit mit ihren »ausgezeichneten Verbindungen zur Hausverwaltung« zu prahlen (sie hatte nämlich eine Freundin dort ... aha!), die Sache noch etwas weiter. Es kam nun nämlich zu einem Ortstermin im Hinterhof, bei dem die Verwaltung nicht nur mit zwei Vertretern erschien, sondern auch mit einem neuen Hausmeister. Einem bulligen Typen namens Wolf mit kurz geschorenen Haaren, dem bei dieser Gelegenheit die Schlüssel zum sagenumwobenen Feinmeier'schen Hausmeisterkeller überreicht wurden. Im Übrigen wollte man nun gewiss durchgreifen, was der ansonsten sehr bleichen Grieshaber vor lauter Freude sogar ein wenig Farbe ins massige Gesicht trieb. Nach Abzug der Verwaltung lud sie dann Hausmeister Wolf zu einem Kaffee ein. Wie sich später herausstellte, handelte es sich bei dem Mann um einen wenn auch etwas entfernteren Bekannten von ihr, und selbstverständlich war er ganz ihrer Meinung in Bezug auf buchstabengetreue Ausübung von Recht und Ordnung, kontra jedweder Toleranz.

Das hieß natürlich nicht, dass er jetzt wie verrückt darum bemüht gewesen wäre, Wohnungen und Treppenhäuser in Schuss zu bringen. Das passierte dann doch nur bei ausgewählten Mietern (die wahrscheinlich die Grieshaber auswählte), ansonsten stellte er lediglich den Hinterhof-Kettenhund dar. Kinder oder deren Spielzeug etwa hatten da keine Chance, und wer noch auf dem Rad saß, statt es in den Hof zu schieben, konnte mit einer saftigen Ermahnung rechnen.

Von jetzt an, mit Hausmeister im Rücken, führte sich die Grieshaber ganz offensiv als neue Machthaberin auf, und es hagelte weitere Beschwerden über jeden und alles nur Erdenkliche. Dazu kamen Mitteilungen der Verwaltung, Ruhezeiten betreffend, ebenso wie die angebliche Zweckentfremdung der Gärten, ganz zu schweigen davon, dass der Hinterhof kein Spielplatz sei – vielmehr war hier Spielen verboten – und dass eben auch Spielzeug hier nichts zu suchen hätte. Das Bemalen des Durchgangs mit Kreide durch die Kinder sei folglich auch verboten, weil die »Farbe« so in die Treppenhäuser getragen würde, und die Gärten hätten wegen einer plötzlich neu entdeckten Brandgefahr von allen Möbelstücken geräumt zu werden, die nicht eindeutig Gartenmöbel seien (Gartenmöbel können bekanntermaßen nicht brennen).

Und so weiter, und so fort.

Dass die Popularitätskurve der Grieshaber derart absackte, dass sie bald jeden Endpunkt weit hinter sich gelassen hatte, kann sich wahrscheinlich jeder vorstellen. Und das nicht nur bei den Eltern, die bisher ihre Kleinen gut im Blick gehabt hatten, oder den Feierfreudigen. Bis jetzt hatte das Zusammenleben gut funktioniert, wie gesagt, durchaus mal mit klaren Ansagen, die aber auch nicht weiter persönlich genommen worden waren. Nun herrschte dagegen eine Atmosphäre reinsten Hasses, was die Grieshaber allerdings nicht anfocht. Vorläufig nicht.

*

Natürlich war gegen die Anordnungen der Hausverwaltung nichts zu machen. Sie mochten alles andere als mieterfreundlich sein und dem sozialen Zusammenleben aller die Luft abdrehen, allerdings hatte die Verwaltung natürlich das Recht dazu, auch wenn seltsam war, dass ihr nach endlosen Jahren plötzlich wieder diverse Schutzbestimmungen einfielen. Aber es war auch allen klar, wer hinter dieser ziemlichen Minderung der Lebensqualität steckte. Und damit begann für die Grieshaber, anders, als sie vermutlich geglaubt hatte, keine gute Zeit. Man hatte vieles hingenommen, oder hinnehmen müssen. Der aufreizende Triumph der Grieshaber tat jedoch noch ein Übriges. Sie schäkerte ein wenig hier mit dem neuen Hausmeisterkettenhund und provozierte da ein bisschen die Nachbarn:

»Na, ist doch wunderbar, kommt mal ein bisschen Ordnung hier rein!« – »Ihre Kinder haben Sie jetzt wohl endlich im Kindergarten angemeldet? Sehr vernünftig, Spielen hat sich hier ja endgültig erledigt!« – »Und, machen Sie jetzt mal etwas aus Ihrem Gärtchen? Ich hätte da eine Menge Tipps für Sie, Sie haben da sicherlich keine Ahnung, so, wie das bisher aussah!«

*

Wenn man sich vorgenommen hat, sein soziales Umfeld zu terrorisieren, gibt es einige Dinge zu bedenken.

Zum einen ist eine möglichst dauerhafte Präsenz von Vorteil. Man sollte sich nach Möglichkeit die Knochen nicht allzu kompliziert brechen, um dann Wochen im Krankenhaus zu verbringen, wie es der Grieshaber dooferweise passierte. Das führt bloß dazu, dass die geknechteten Mieter sich zusammenrotten. Zum anderen sollte man stets seine Verbündeten im Auge behalten (Hausmeister Wolf!), besonders dann, wenn sie nicht die hellsten Kerzen auf der Torte sind. Nachher werden die noch von der Gegenseite umgedreht und böse manipuliert.

Claudia, natürlich, durchschaute das sofort. Und nutzte die Zeit der Grieshaber'schen Abwesenheit, um Wolf innerhalb kürzester Zeit um den Finger zu wickeln, auch wenn's ihr nicht wirklich angenehm war. Hier ein Pläuschchen, da mal ein Stück Kuchen und etwas Freundlichkeit und Mitgefühl für den so überaus hart schuftenden Hausmeister inmitten seiner feindseligen Umgebung. Das genügte.

Und wie, fragte sie dann mal rein zufällig und harmlos, stellte es die Frau Grieshaber eigentlich an, ganz genau zu wissen, wer im Hinterhof kam und ging? Und überhaupt stets auf dem Laufenden zu sein? Schließlich sah man sie nie am Fenster.

»Ach«, sagte Wolf, der sich in Abwesenheit der Grieshaber um deren Pflanzen kümmerte, »ich hab auch gestaunt! Komm ich in ihr Wohnzimmer, um die Blumen zu gießen, und sehe, dass die eine Wand komplett mit Spiegeln behängt ist. Ganz geschickt, übrigens! Genau ausgerichtet! Sitzt man bei ihr im Sessel, kann man den ganzen Hinterhof im Auge behalten, das funktioniert wie der Rückspiegel beim Auto. Die hat da nicht mal einen toten Winkel! Toll gemacht, sag ich Ihnen, alles im Blick, obwohl man mit dem Rücken zum Hof sitzt!«

Aha, ganz toll. Und die Gespräche im Hof zu belauschen war aufgrund der hervorragenden Akustik auch nicht weiter schwierig. Man musste nur ein Fenster gekippt lassen. So viel dazu. Insofern also ein gutes System, um alles genau im Blick und im Ohr zu behalten. Unglaublich, was sich manche Menschen ausdenken. Und wozu eigentlich? Vermutlich irgendein zwanghafter Kontrollwahn.

*

Claudia stolperte dann noch über eine freilich weit auslegbare Mietvertragsklausel, Störungen des sozialen Friedens im Haus betreffend. So wirklich griffig ist eine solche Klausel nicht, aber immerhin schon mal ein Ansatz, vor allem dann, wenn der Nachbarschaftsterrorist provozierend auftritt, am besten noch vor Zeugen.

Es hatte sich inzwischen einiges an Frust angesammelt, und nicht nur wir hatten der Hausverwaltung da das eine oder andere mitzuteilen, trotz des miesen Gefühls des Denunziantentums.

Genau das ist eben der springende Punkt bei nachbarschaftlichen Auseinandersetzungen: Will man sich selber auf das Niveau des Gegners herablassen? Nein! Man will nicht, muss es aber manchmal eben doch, was einen nur noch mehr erbittert. Man kommt sich vor wie im Kindergarten und fühlt sich geradezu fremdgesteuert, und das von jemandem, den man eh schon gefressen hat. Eine Spirale, die sich erbarmungslos fortsetzt.

Die eigene Bleibe ist eben der ureigenste Platz, um sich zurückzuziehen, Kraft zu tanken und ein Sicherheitsgefühl zu entwickeln. Jeder braucht so eine Basis, auch wenn wir meist nicht darüber nachdenken. Hier will man unerreichbar und der König sein. Wenn das allerdings alles ins Wanken gerät, wenn man zunehmend das Gefühl hat, von anderen bestimmt zu werden und sich nach ihnen richten zu müssen, wenn andauernd, zudem noch sinnlose oder schlicht erfundene, Beschwerden ins Haus stehen, dann wird's emotional. Woraus sich erklärt, dass Nachbarschaftskriege eben meist nur noch selten etwas mit Vernunft zu tun haben. Da geht's bald um ganz archaische Grundbedürfnisse und das Verteidigen der eigenen Höhle, eine Zwickmühle, aus der man kaum herauskommt. Zumal dann, wenn alle Gesprächsversuche scheitern, wie es bei uns der Fall war, und lediglich in Grieshaber'schem Gezeter endeten.

Entsprechend gestaltete sich dann auch das Echo.

So hatten sich einige der geknechteten Hinterhöfler bald ein paar Dinge ausgedacht, um, sozusagen, ihren Unmut zu unterstreichen. Sobald die Grieshaber wieder im Hinterhof aufschlug, um erneut das Regiment zu übernehmen, sah sie sich folglich einer geheimen neuen Front gegenüber. Oder auch nicht, da sie nichts davon wusste und naiverweise glaubte, alles nach wie vor im Griff zu haben.

*

Besagte Anti-Grieshaber-Front (AGF) schickte ihr als Erstes, sozusagen zur Eröffnung des Feldzugs, ein kleines Paket mit Mikroheimchen, die beim Öffnen des Kartons sofort das Weite in der Grieshaber'schen Wohnung suchten und sich geschickt überall verteilten. Und zwar wirklich *überall*, das ist bei ihnen genetisch. Diese winzigen, possierlichen Tierchen, die hervorragende Springer und in etwa so gut einzufangen sind wie Fliegen oder Mücken, können sich zu einem echten Problem auswachsen, besonders nachts, denn da sprühen sie vor Aktivität und Lebensfreude. Das drücken sie dann mit nicht enden wollenden Zirpkonzerten aus. Das ist allerdings weniger romantisch, als man denken könnte. Eher wirklich nervtötend, wenn man die Viecher einmal in der Wohnung hat.

Was Claudia und mich anging, waren wir alles andere als begeistert, als wir von der Aktion erfuhren. Schließlich konnten die Heimchen nun auch uns und allen anderen Nachbarn im Haus einen lieben Besuch abstatten, denn sie sind neugierig und ausgesprochen abenteuerlustig. Wer sagte, dass sie sich wirklich bloß auf die Grieshaber'sche Wohnung beschränkten? Und ihrer Herr zu werden, ist alles andere als einfach, man muss notfalls dann

Kontaktgift anschleppen oder sogar den Kammerjäger holen. Nicht so witzig also.

In diesem Fall zeigten sich die Heimchen allerdings höchst diszipliniert. Getreu ihrem Fahneneid blieben sie, bis zum letzten Heimchen, standhaft auf ihrem ausgewählten Kriegsschauplatz. Es dauerte folglich eine ganze Weile, bis die Grieshaber die Plage wieder loswurde.

*

Die AGF ließ allerdings nicht locker. Es folgten – wohl dosierte – Bestellungen von Taxen, Pizzadiensten und so ziemlich allem, was ins Haus kommt. Und da man gerade einmal dabei war, wurden auch Kataloge und Infobroschüren aller Art in ihrem Namen geordert, zwischenzeitlich in solchen Massen, dass es bald schier den Briefkasten sprengte, der, wie ich nebenbei erfuhr, regelmäßig mit Juckpulver bestäubt wurde. Eigentlich wartete ich nur darauf, dass irgendjemand noch auf die Idee käme, ihren Türknauf am Treppengeländer festzubinden, um dann Sturm zu klingeln. Das geschah allerdings nicht. Dafür lag aber eines Tages ein kleines Fell, so sah es auf den ersten Blick zumindest aus, auf ihrer Fußmatte, welches dem Fell ihres kleinen Kläffers zum Verwechseln ähnelte, den wir aufgrund seines reizenden, hysterischen Wesens schon genauso lieb gewonnen hatten wie die Grieshaber selbst.

Dabei lag ein Zettel, auf dem stand:

Konnte dich nicht mehr ertragen. Bin ins Wasser gegangen. Dein Fiffi.

Tatsächlich handelte es sich nicht um ihren geliebten Vierbeiner, sondern lediglich um ein Stück Flokati. Dieses kam aber sehr überzeugend daher.

*

Wie man sieht, schaukelten sich die Dinge ein wenig hoch. Nicht allerdings nach außen.

Sicher nie zuvor war die Grieshaber derart freundlich, fast schon jubelnd, gegrüßt worden wie gerade jetzt: »Hallo! Frau! Grieshaber! Schöner! Tag! Heute!«

Man ging zu geradezu demonstrativer Fröhlichkeit über. Nichts ärgert den bösen Nachbarn/die böse Nachbarin bekanntlich mehr, als wenn er/sie den Eindruck gewinnen muss, dass alle seine/ihre Bemühungen bloß an den Opfern abtropfen und die noch fidel und heiter dabei sind.

Nach den sonnig-schönen Tagen wurden allerdings die ersten Frosttage noch etwas unschöner für Frau Grieshaber, da sich irgendjemand eines alten Sprichworts erinnert hatte. »Dein Nachbar kratzt länger am Auto, wenn du es am Abend mit Wasser begießt«, heißt es. Zudem fanden sich bald an den Schwarzen Brettern in der Umgebung überall Zettel, nach denen die Grieshaber angeblich Kinderspielzeug, Kinderwägen, Fernseher und Einrichtungsgegenstände jeder Art billigst oder umsonst abzugeben habe, Anrufe jedoch erst nach zwanzig Uhr entgegennehmen könnte.

*

Schon erstaunlich, auf was für Ideen Nachbarn so kommen können und was für ein kreatives Potenzial da verborgen ist. Claudia und ich beteiligten uns allerdings nicht an dem Spielwerk, sondern waren inzwischen zum völligen Ignorieren unserer speziellen Nachbarin übergegangen. Die machte irgendwann ihrerseits den sinnlosen Versuch – auch schon wieder eine Frechheit nach einem halben Dutzend Beschwerden über uns, von denen nicht eine zutraf –, sich mit uns zu verbünden, versuchte, uns im Treppenhaus zu stellen und uns ihr Leid zu klagen. Nachfühlen konnte ich es ihr zwar, immerhin wurde ihr doch recht übel mitgespielt.

Allerdings war ich nicht gewillt, mich auch nur im Entferntesten darauf einzulassen. Kurzes Nicken, weitergehen.

Wirkung zeigte dieser unerfreuliche Feldzug schließlich doch. Die Hausverwaltung wurde des kriegerischen Hin und Her im Hinterhof sichtlich müde. Trotz diverser, teils wild ins Blaue geschossener Anschuldigungen seitens der Grieshaber konnten die anonymen Täter der ebenso zahlreichen wie illegalen Belästigungen nicht dingfest gemacht werden, obwohl sogar handfeste Beweise wie das kunstvoll zurechtgemachte Flokatifell mit Bekennerschreiben vorlagen. Doch schließlich, wohl um endlich wieder Ruhe einkehren zu lassen, bot man ihr eine andere Wohnung an, als einzige Möglichkeit, der Flut von Beschwerden und Gegenbeschwerden, wütenden Telefonaten und allem, was einem das Leben im Büro nur erschweren konnte, Herr zu werden.

Nach einigem Zögern akzeptierte die Grieshaber, was alle doch ein wenig überraschte. Schließlich bestand die Gefahr, dass der Hinterhof daraufhin wieder verwildern würde, vielleicht sogar, dass sich erneut Kinder und Malkreide hier breitmachen würden.

Was tatsächlich der Fall war. Und nach einiger Erziehungs- und Umgewöhnungszeit wurde Hausmeister Wolf sogar dabei überrascht, wie er ein Bobbycar reparierte. Aus dem bösen Wolf war ein nettes Wölfchen geworden. Nun war er meist in seinem Hausmeisterkeller bei einem gepflegten Bier vor einem uralten Fernseher, den er irgendwo aufgetrieben hatte, anzutreffen. Er trat somit die würdige Nachfolge des Feinmeiers an.

Obwohl Claudia und ich bereits beschlossen hatten, selber auszuziehen, weil es wirklich reichte, beteiligten wir uns dennoch an der spontanen Hinterhof-Grieshaber-Auszugsparty ohne den sonst schon fest eingeplanten Polizeieinsatz nach zweiundzwanzig Uhr.

Das war auch ganz lustig und angenehm, wie das Aufatmen allgemein. Es kehrte wieder Friede ein, auch wenn der Hinterhof schon bald nicht mehr aussah wie geleckt. Man lebte und hatte Freude daran, und alles ließ sich wieder mit ein paar klaren An-

sagen problemlos regeln. Ruhe gab es auch vonseiten der Hausverwaltung, die erneut dazu überging, eigentlich nichts zu tun, außer
Miete zu kassieren. Für alle Beteiligten, so alles in allem, vielleicht
dann doch das Beste.

Möglicherweise war die Verwaltung aber auch bloß abgelenkt
von einem neuen Kriegsschauplatz. Schließlich wohnte die Grieshaber, mit ihrem Kontroll- und Umgestaltungswillen, lediglich in
einem anderen Wohnumfeld, sodass sich dort unweigerlich Probleme ergeben würden. Doch wenigstens war das nicht mehr unser
Problem. Wir hatten uns, über die Anzeige eines Maklers, eine
hübsche, ruhige kleine Wohnung am Stadtrand ausgesucht und
freuten uns schon drauf.

Noch wussten wir nicht, dass wir nur ein paar Monate dort
wohnen würden. Und das ganz ohne Grieshaber-Nachbarschaft.

FLUGALARM

Auf unserer Suche nach einer neuen Bleibe hatten wir natürlich endlos Anzeigen in den einschlägigen Zeitungen durchgeackert. Dabei lernten wir nebenbei auch ein wenig Maklersprech, nur leider nicht am Frühstückstisch beim gemütlichen Durchblättern der Zeitungen. Nein, wir mussten uns unser Wissen sozusagen erst einmal erlaufen. Oder er-fahren, mal mit dem Auto, mal mit öffentlichen Verkehrsmitteln, um irgendwann genug Formulierungen zu kennen, damit wir viele Anzeigen bereits von vornherein aussieben konnten.

»Ruhige Lage« und »Für Naturliebhaber« hieß natürlich nichts anderes als eine Wohngelegenheit am Ende der Welt ohne Verkehrsanbindungen – genauso wie »nur wenige Autominuten von der City entfernt«. Da war wirklich ein Auto nötig. Das »Liebhaberobjekt«, der »weitgehende Originalzustand« oder »Für Heimwerker!« verwies dagegen auf eine Bruchbude, die man erst einmal selber wieder aufpäppeln musste, sozusagen ein Millionengrab. Die Wohnungen »für Schnellentschlossene« standen (nicht umsonst) natürlich schon endlos und drei Tage leer. Die »luxuriös sanierte« Immobilie war schlicht nicht bezahlbar, »teilrenoviert« hieß im Grunde dasselbe wie »Für Heimwerker!«. Lautstark wurde es bei Wohnungen »im aufstrebenden Szeneviertel«, bei der »Umgebung mit hohem Freizeitwert«, in der »familienfreundlichen Wohngegend« und, ein Klassiker, bei der »zentralen und verkehrsgünstigen Lage«.

Einmal besichtigten wir etwa eine Wohnung – da allerdings schon nur zum Spaß, eigentlich hätten wir gleich wieder umkehren können, die nicht bloß an einer vierspurigen Straße lag, nein, es rauschte auch noch eine S-Bahn dort entlang. Selbst drinnen verstand man kaum sein eigenes Wort. Vielleicht kam das aber auch von der U-Bahn, die unten drunter durchfuhr, ich will nicht ungerecht sein.

Dagegen war das »seriöse Umfeld« ein reines, wenn auch sehr graues Erholungsgebiet. Nichts als Büros und wieder Büros um einen herum, und nach siebzehn oder achtzehn Uhr ein Beton-friedhof, das Ganze natürlich ohne irgendwelche Einkaufsmög-lichkeiten. Wieder ganz spaßig, wenn man das Interesse dafür aufbringt, waren die »Wohnexperimente«, die »Architektenwoh-nungen« und die »individuell gestalteten« Wohnungen – sämtliche unmöglich für ein normales Leben zugeschnitten. Insofern, musste man zugeben, wirklich individuell. Man fragte sich unwillkürlich, welche Drogen die Architekten eingepfiffen hatten, als sie sich die-se Hütten ausdachten. Reine Selbstverwirklichungsprojekte, ohne an mögliche Bewohner zu denken. In den »Wohnanlagen mit Ent-wicklungspotenzial« oder den gleichen »mit Zukunft« waren sie freilich noch an der Arbeit (vermutlich völlig stoned) und würden es die nächsten Jahre oder Jahrzehnte auch noch sein. Aber bitte, wer auf einer Dauerbaustelle leben will … nur zu.

Nachdem wir diesen Formulierungsdschungel einigermaßen durchschaut hatten, konnten wir wenigstens Zeit sparen und uns auf das konzentrieren, was für uns tatsächlich interessant war. Dummerweise wiegten wir uns dabei vielleicht ein bisschen zu sehr in Sicherheit und hielten uns für ein bisschen zu gewieft. Jedenfalls stießen wir dann wirklich auf eine hübsche kleine Wohnung. Der Besichtigungstermin vonseiten des viel beschäftigten Maklers war vielleicht ein bisschen spontan, von jetzt auf gleich, aber wir waren ja flexibel. Von daher kein Problem.

Die Wohnung war hübsch geschnitten. Nicht unbedingt verkehrsgünstig, aber immerhin ruhig. Ein kleines Zwei-Par-teien-Haus inmitten vieler anderer Einfamilienhäuser, unsere zukünftigen Nachbarn im Haus selten oder nie zu Hause, beide irgendetwas bei einer Fluglinie. Alles in allem idyllisch in einer Seitenstraße gelegen, und dann auch noch bezahlbar. Wir konnten unser Glück kaum fassen. Zügig wickelten wir die Sache ab und schlugen sofort zu, damit nicht die bestimmt zahlreichen anderen Interessenten uns zuvorkamen. Wir gratulierten uns gegenseitig. Auf die Idee, mal einen genauen Blick auf die Landkarte zu wer-

fen, kamen wir nicht. Solche kleinen Tricks lernt man eben erst
später.

*

Ich weiß nicht – aber manchmal laufen die Dinge schon eigenartig.
Natürlich waren wir vor dem Umzug ein paar Mal da. Aber irgendetwas Auffälliges gab es da nicht. Dafür sprang es uns dann direkt
am Umzugstag an. Genauer gesagt, donnerte es über uns hinweg.
Hatte ich eben noch doofe Witze gemacht der »verkehrsgünstig
gelegenen Wohnung« wegen, wurde ich (und Claudia natürlich
auch) jetzt bitter dafür bestraft:

Wir brauchten beim Einzug keine Stunde, um genau zu wissen,
dass wir mitten in der Einflugschneise des Großflughafens gelandet
waren. Eine Katastrophe. Aber wie es manchmal so ist, man will's
trotzdem nicht gleich wahrhaben. Natürlich keimte da schon ein
böser Verdacht hinsichtlich des spontanen Besichtigungstermins
seitens des Maklers auf. Aber die paar Male, die wir unsere neue
Wohnung besucht hatten, war eigentlich auch nichts gewesen, was
irgendwie misstrauisch machen hätte können. Dafür allerdings
wurde uns, inmitten von Kartons, zerlegten Möbeln und Krim-
krams jeder Art, nun richtig eingeschenkt.

Hatten Sie mal das Vergnügen, in so einer Einflugschneise zu
wohnen? Ich wünsche das niemandem. Denn die einkommenden
Flugzeuge machen nicht nur ein bisschen Lärm, vielmehr verursacht derAnflug einem echtes Herzrasen. Das zunächst noch
entfernt pfeifende Geräusch steigert sich langsam zu einem be-
drohlichen Dröhnen, welches schließlich in einer donnernden
Entladung direkt über dem eigenen Dach gipfelt. Als flöge das
verdammte Ding gleich durch die eigene Wohnung. Man sollte
es zwar kaum glauben, aber tatsächlich konnte ich zuweilen in
das Cockpit des zum Landeanflug ansetzenden Fliegers schauen
und Pilot und Kopilot zuwinken. Oder hätte es gekonnt, wäre mir

danach gewesen. Wir hätten angesichts dieses Desasters auch betrübt dasitzen und uns traurig anblicken können. In Wirklichkeit machte der infernalische Lärm einen aber derart fahrig, dass man kaum ruhig sitzen bleiben konnte. Angesichts des phänomenalen Lärmpegels konnte man sich aber auch nicht irgendwie, egal womit, ablenken. Zum ersten Mal jedenfalls verstand ich wirklich, wie »Lärm« und »Alarm« zusammenhängen: Der ganze Körper wird in einen permanenten Alarmzustand versetzt, und wenn er gerade wieder herunterfahren will … folgt auch schon der nächste pfeifende, dröhnende, donnernde Anflug. So ging das am Umzugstag und einige Tage danach weiter. Darauf folgte eine kurze Ruhephase, dann ging es wieder los, auch noch völlig unberechenbar, sodass man nicht einmal den Versuch machen konnte, sich irgendwie darauf einzustellen.

In einer dieser kurzen Ruhephasen – sonst konnten wir uns ohnehin nur schwer unterhalten – beschlossen wir dann erstens, alle unsere kläglichen Reserven zusammenzukratzen, zweitens, dazu noch notfalls Gott und die Welt anzupumpen um drittens, schleunigst wieder auszuziehen, und zwar viertens, nicht ohne vom Makler unser Geld zurückzuverlangen. Schließlich hatte man uns eine ruhige Wohnung zugesichert.

Besagter Makler war übrigens total überrascht, als wir uns meldeten, um uns ganz herzlich für diesen Fluglärmalbtraum zu bedanken. Ja, nicht bloß überrascht, sondern ganz von den Socken. War es denn die Möglichkeit? Fluglärm? Aber nicht doch! Davon hatte er noch nie gehört, großes Maklerehrenwort! Und das in dieser beschaulichen Gegend? Wirklich? Tatsächlich? Unglaublich. Darauf wäre er selbst nie gekommen. Er hätte das Objekt selbst zum ersten Mal vermietet und sich völlig auf die Angaben des Vermieters verlassen. Und der verdächtig spontane Besichtigungstermin sei nur ganz spontan gewesen, nicht aber verdächtig. Und weil all das so sei, könne er leider auch kein Geld zurückzahlen, er bedaure das sehr.

Wir auch. Aber wir versprachen, uns gewiss wiederzusehen, dann freilich mit Anwalt. Er erwiderte, sich auf ein neues Treffen mit uns zu freuen, und so verblieben wir dann.

*

Über ein Jahr später trafen wir uns dann wirklich vor Gericht und legten gegenseitig unsere Sicht der Dinge dar. Der Richter wiegte bedenklich – mal zur einen Seite, mal zur anderen – den Kopf. Dann schlug er weise einen Vergleich vor, und wir zogen uns mit unserem Anwalt zur Beratung zurück.

»Nun«, sagte der, »ein Vergleich. Tja. Besser als nichts, oder?«

»Aber wir sind doch ganz klar reingeritten worden«, entgegnete Claudia. »Der vermietet diese Wohnung sicher nicht zum ersten Mal, und dass er nichts von dieser Fluggeschichte gewusst haben will, ist nun ganz unglaubwürdig.«

»Schon möglich«, meinte unser Anwalt. »Vielleicht. Aber auf See und vor Gericht ist man in den Händen Gottes, wie es so schön heißt. Man bekommt Gesetze, oder deren Auslegungen. Alles andere zu glauben ist nur missverständlich. Na, wenn's um Millionen ginge, dann wäre es etwas anderes, aber so …«

»Sie raten zum Vergleich?«, fragte ich.

»Ich sag's mal so«, erwiderte er nachdenklich, »die Partei, die den Vergleich ablehnt, macht den Richter wirklich ziemlich sauer.«

Dann verfiel er in Schweigen und sah angestrengt zum Fenster hinaus.

Wir nahmen an. Besser als nichts.

*

Noch in unserem schicken Fluglärmheim setzten Claudia und ich natürlich alle Hebel in Bewegung, um eine neue Bleibe zu finden, was uns anfangs (weil diesmal wirklich unter Zeitdruck, um diesem

Terror zu entgehen) dermaßen zur Verzweiflung trieb, dass uns die Suche schon bald in unseren kurzen, wirren Träumen heimsuchte. Kurz waren diese Träume der knappen Flugpläne wegen, und wirr wegen des ganzen Chaos um uns herum. An Ruhe oder Entspannung war nicht zu denken, nicht einmal, wenn gerade keine Flugzeuge flogen. Der Alarmzustand pendelte sich auf ein Grundniveau ein. Frühmorgens, beim ersten Anflugpfeifen der Flugzeuge, wachten wir schon schweißgebadet von unseren Traumbildern auf, um uns dann vom Dröhnen der Flugzeugmotoren endgültig wachrütteln zu lassen.

Ich fragte mich nur, wie eigentlich die anderen Anwohner dieses idyllischen Viertels mit der Sache fertig wurden, wurde aber sehr bald darüber belehrt, als mich eine freundliche Nachbarin ansprach:

»HALLO! HABEN SIE SICH SCHON EINGELEBT?«, schrie sie mich an, obwohl es ausnahmsweise ein flugfreier Tag und wirklich ruhig war.

»Danke, etwas schwierig bei dem Krach …«, sagte ich.

»WIE BITTE?«

»DANKE, ETWAS SCHWIERIG BEI DEM KRACH!«, wiederholte ich mit erhobener Stimme.

»ACH, DA GEWÖHNEN SIE SICH DRAN!«, brüllte sie. »ICH HÖRE DAS SCHON GAR NICHT MEHR!«

»WIE LANGE WOHNEN SIE DENN SCHON HIER?«

»NA, BALD DREISSIG JAHRE! ALS WIR HERGEZOGEN SIND, WAR ES JA NOCH NICHT SO WILD! DANN WOLLTEN WIR IRGENDWANN DOCH UMZIEHEN, ABER DAS KONNTEN WIR UNS NICHT LEISTEN! UND ES GAB KEINE INTERESSENTEN FÜR UNSER HÄUSCHEN!«

»DAS IST NATÜRLICH BITTER!«

»JA«, fuhr sie fort, »ABER WIR HABEN DANN AUCH BESCHLOSSEN, DASS WIR UNS SOWIESO NICHT VERTREIBEN LASSEN WOLLEN! IST DOCH SONST GANZ SCHÖN HIER, FIN-

DEN SIE NICHT? DESHALB HABEN WIR UNSEREN VEREIN GE-
GRÜNDET! ALLE SIND DABEI!«

»WAS DENN FÜR EINEN VEREIN?«, schrie ich neugierig.

»UNSER VEREIN GEGEN FLUGLÄRM! WIR PROZESSIEREN
JETZT SCHON ZWANZIG JAHRE UND BALD GEHT ES IN DIE
NÄCHSTE RUNDE! DA FREUEN WIR UNS SCHON DRAUF!
MAN DARF STADT UND FLUGHAFEN DA KEINE RUHE LAS-
SEN! JUBILÄUM HABEN WIR DIESES JAHR AUCH! VIELLEICHT
MÖCHTEN SIE JA KOMMEN? ES GIBT KAFFEE UND KUCHEN!
JUNG UND ALT KOMMEN!«

»NATÜRLICH KOMMEN WIR GERN!«, rief ich verlogen, während ich mich verstohlen nach einer Fluchtmöglichkeit umsah.

»NA PRIMA! DAS FREUT MICH! ICH SAGE IHNEN DANN BE-
SCHEID! ES IST JA SO WICHTIG, DASS JÜNGERE GENERATIO-
NEN NACHWACHSEN! ACH, ICH DUMMERCHEN …«, sagte sie
plötzlich und fummelte an ihren Ohren herum, »da habe ich doch
glatt vergessen, mein Hörgerät einzustellen. Na ja, das passiert hier
allen mal«, kicherte sie, während es mich eiskalt überlief. Plötzlich
hatte ich die Erklärung dafür, weswegen sich in dieser Gegend die
Hörgerätegeschäfte so auffallend häuften.

»Kann passieren«, antwortete ich großzügig und verabschiedete
mich dann. Mir war ein wenig elend, wenn ich an eine mögliche
Zukunft hier dachte. Was, wenn wir hier für länger festsaßen? Würde der Hörgeräteakustiker dann auch unser bester Freund werden?

*

Doch siehe da, nach einiger Zeit eröffnete sich eine ganz neue
Möglichkeit:

Eine gute Freundin Claudias erbte gerade jetzt ein kleines Rei-
henhäuschen. Einen schönen und besinnlichen Abend später (das
heißt, nicht bei Claudia und mir zu Hause) waren wir die neuen
Mieter. Und das Häuschen war *wirklich* schön, *wirklich* ruhig ge-

legen, *kein* Liebhaberobjekt und *trotzdem* nicht unüberbrückbar am Ende der Welt. So misstrauisch wir als gebrannte Kinder dem Schicksal gegenüber auch waren – diesmal schien uns das Glück tatsächlich hold zu sein.

Und irgendwie fanden wir, dass wir das zur Abwechslung auch mal verdient hatten. Und auf diese Weise lernten wir unter anderem die Familie Knecht kennen, die uns wiederum Jahre später bei unserem unfreiwilligen nächsten Wohnungswechsel einen Gummibaum schenkte.

DIE ZIERGARTENKILLER

Wieder einmal ging es auf zur Vorstellungsrunde: Rechts von uns die Familie Pümpel, links Familie Schieferdecker, gegenüber Familie Knecht. Bevor wir bei denen klingeln konnten, wurde auch schon die Haustür aufgerissen.

»Aha, die neuen Nachbarn!«, sagte ein etwas angejahrter Herr, hinter ihm seine Frau, die rund und gemütlich aussah, mit roten Pausbäckchen. »Sie sind doch sicherlich Gartenfreunde? Hm? Oder? Wir nehmen ja jedes Jahr am Wettbewerb um den schönsten Garten teil! Überhaupt wäre es schön, wenn die Gärten hier in der Straße ein wenig kunstvoller gestaltet wären!«

»Ja …«, erwiderte ich zögernd, denn weder Claudia noch ich haben einen grünen Daumen, »an Gärten erfreuen wir uns durchaus …«

»Na, wunderbar! Sie haben sicherlich schon gesehen, dass Sie Rasen mähen müssen und Ihre kleine Hecke beschnitten werden muss. Wie sieht denn das aus. Und dieser Baum, da sollten Sie sich schon überlegen, ob Sie den behalten wollen. Wenn Sie Blumen anpflanzen, sprechen Sie das doch ruhig mit uns ab, des farblichen Gesamteindrucks wegen. Dass die Jury da kein falsches Bild bekommt! Und was für einen Rasenmäher haben Sie denn?«

Wir hatten noch gar keinen. Der Garten – ein Stück lag vor dem Haus, und ein zweites dahinter – war nun wirklich etwas, was auf unserer To-do-Liste erst ganz weit unten kam. Eigentlich hatten wir gedacht, wir legen uns einen Rasenmäher zu, kaufen eine Gartenschere für die kniehohe Hecke und das war's. Über eine fantasievolle Gartengestaltung oder Ähnliches, ganz zu schweigen von einem Zierteich, wie die Knechts ihn hatten, hatten wir uns nun wirklich noch keine Gedanken gemacht. Entsprechend kamen wir jetzt ein wenig ins Schwimmen, wollten aber auch nicht unfreundlich sein und versicherten leichtsinnigerweise, alles würde ganz großartig, wenn auch selbstverständlich nicht so großartig wie bei den Knechts, mit Teich, kleinen Natursteinwegen und abgezirkelten Blumenrabatten.

Nach dieser Vorstellung vergaßen wir die Sache gleich. Erst einmal mussten wir in unserem Häuschen wirklich ankommen, und dann stellte Claudia fest, dass sie schwanger war. Kurz zuvor hatten wir uns außerdem einen Main-Coon-Kater zugelegt, womit für uns beide ein lang gehegter Wunsch in Erfüllung ging. Wer diese Katzenrasse nicht kennt: Im Grunde sehen sie aus wie zu klein geratene Löwen (einschließlich kleiner Mähne), sind aber weitaus größer als normale Hauskatzen. Es sind auch sehr wertvolle Tiere, aber deshalb etwa den Kater im Haus zu lassen kam nicht infrage, wie er uns innerhalb kürzester Zeit verdeutlichte. Das sollte – spezieller Main-Coon–Eigenschaften und eben der Nachbarn wegen – noch zum Problem werden.

*

Inzwischen lieh ich mir von dem Pümpels den Rasenmäher und beackerte das Feld. Trotz meiner, allerdings lange zurückliegenden, WG-Gartenerfahrung stellte ich mich dabei vermutlich nicht besonders geschickt an (ich muss auch zugeben, dass ich einfach nur etwas Grün heruntersägen wollte, und damit gut). Aber wozu gab's so freundliche und versierte Nachbarn wie die Knechts. »Zack«, wurde die Tür aufgerissen und der freundliche Nachbar baute sich vor unserem Garten auf, sozusagen, um mich zu dirigieren.

»Da können Sie noch mal rübergehen! Und Sie haben hier etwas vergessen! Übrigens, Ihr kleiner Heckenzaun könnte auch mal etwas Farbe vertragen! Reparieren müssen Sie ihn sowieso, da können Sie das gleich mit machen! – Schöne Schufterei bei dreißig Grad im Schatten, was? Ja, ja, aber man wird ja auch belohnt! Die schöne Natur direkt vor dem Haus! Wann wollen Sie eigentlich den Baum wegnehmen?«

Es wurde ein höchst unerquicklicher Nachmittag. Ich schwitzte, Knecht unterhielt mich und warf dann sogar noch einen Kennerblick auf unser Gartenstück hinter dem Haus, mit entsprechenden

Kommentaren. In der Zwischenzeit überlegte ich, ob ich ihn nicht mit dem Rasenmäher überfahren und wie ich das als Unfallfolge mit tödlichem Ausgang tarnen konnte. Derweil saß Nachbar Pümpel nebenan am Tisch, trank sein kühles Bier, betrachtete das Spielwerk und grinste wissend, wofür ich ihn gleich an die zweite Stelle meiner Todesliste setzte.

»Ich glaube«, sagte ich am Abend erschöpft zu Claudia, »wir haben hier wieder ein paar Grieshabers, nur dass sie jetzt Knecht heißen.«

»Hm«, machte sie, »soll ich dann ins Internet gehen und mal gucken, wo man diese Mikroheimchen bestellen kann?«

*

Natürlich taten wir nichts dergleichen. Und im Garten nur das absolut Notwendigste. Ich muss wohl nicht erwähnen, dass wir weder Bäume gefällt noch Blumen gepflanzt haben. Leider kam es auch nie dazu, dass ich die Zeit gefunden hätte, den kleinen, langsam überwuchernden Heckenzaun zu reparieren oder anzumalen. Vielleicht hatte ich die Lust darauf auch irgendwo verlegt.

Zuerst redeten wir uns damit heraus, dass wir uns sozusagen einen Naturgarten vorstellten, mit natürlichem Pflanzenwuchs und Hummelchen und Bienchen. Dann kam unsere Tochter Simone – wir legten noch mit Jan nach, allerdings nicht des Gartens wegen – und bei all dem Stress war natürlich nicht daran zu denken, das ursprünglich ganz bestimmt geplante Gartenkunstwerk in die Tat umzusetzen. Ich beließ es also dabei, gelegentlich den Rasen zu mähen und mehr oder weniger ungeschickt an unserer Hecke herumzusäbeln, um sie in etwa auf Kniehöhe zu halten. Und natürlich blieb der Baum stehen, obwohl ihn alle praktisch für tot hielten. Er belehrte die ganze Straße jedoch eines Besseren. In unserem dritten Jahr fing er plötzlich an, auszutreiben und zu blühen, was das Zeug hielt. Vielleicht um Claudia und mich zu belohnen, dass wir ihn einfach stehen gelassen und ignoriert hatten, oder weil er Panik hatte, wir könnten ihn doch noch umlegen.

»Tja«, sagte ich dafür dann angeberisch zu Knecht, »ich hatte mir ja schon gedacht, dass da noch eine Menge Leben drinsteckt.« Er warf mir einen bösen Blick zu. Inzwischen wusste er natürlich, dass wir von Gartenbau keinen blassen Dunst hatten, und, schlimmer noch, dass uns das nicht einmal interessierte. Aber zu dieser Zeit war unser Verhältnis zu den Knechts ohnehin schon ein wenig abgekühlt, um es mal so zu formulieren. Dafür gab es neben unserer Gartengestaltungsunwilligkeit noch einen anderen Grund und zwar unseren Kater Mikel. Der hatte sich zu einem echten, und sogar für einen Main Coon außergewöhnlich großen, Prachtexemplar entwickelt und betrachtete überdies die ganze Gegend als sein persönliches Reich.

Die Ersten, die darunter zu leiden hatten, waren die Pümpels von nebenan. Als deren Terrassentür offen stand, erkundete er, zunächst noch unbemerkt, das Haus, um sich dann in ihrem Schlafzimmer niederzulassen, wo ein ihm offenbar sehr zusagender Sessel stand. Als Frau Pümpel ihn dort entdeckte, bekam sie fast eine Herzattacke – mit Katzen, und dann auch noch in diesem Format, hatte sie es wirklich nicht, und wir mussten Mikel abtransportieren. Schade bloß, dass ihn dieser Service eher begeisterte. Und wie es bei Katzen häufiger der Fall ist, wurde er gerade da anhänglich, wo es ganz und gar unerwünscht ist. Immer häufiger hörte ich von drüben ein »Husch! Husch! Böser Kater! Gehst du wohl raus!«, bald danach ein eher schon bittendes »Aber das ist hier wirklich nicht dein Zuhause, nun geh doch endlich!« und schließlich ein resigniertes »Bist du denn schon wieder da!?«.

Irgendwie gelang es ihm immer, bei den Pümpels einzubrechen und es sich gemütlich zu machen. Die klingelten bald auch schon nicht mehr bei uns, sondern resignierten irgendwann. Hatten sie eben auch eine Katze. Und irgendwie … doch, man musste es ja zugeben, ein wirklich schönes Tier.

Und eines Tages fragte Frau Pümpel uns zaghaft, als wir uns auf dem Gehweg trafen: »Sagen Sie, was frisst Ihr Kater denn eigentlich so?«

Ja – und so richten Katzen Menschen ab.

*

Die Frage danach, was Mikel fraß, hätten Frau Pümpel übrigens unsere anderen Nachbarn – die Schieferdeckers – bestens beantworten können. Eines Tages stand Frau Schieferdecker nämlich zornbebend vor unserer Haustür.

»Ihr! Kater!«, rief sie empört, »Hat! Meine! Torte! Gefressen!«

Oh, mein Gott. Wie sich herausstellte, hatte sie für ihren Besuch eine wunderschöne Cremetorte zubereitet, sie aber dummerweise unbewacht in der Küche stehen gelassen – wo die Fenster offen waren, vor denen sich, unbemerkt von ihr, ein gieriger Kater herumdrückte. Als sie nach einiger Zeit zurückkam, war von der Torte nur noch eine Ruine übrig. Dafür saß Mikel auf dem Tisch und putzte sich. Ein reinliches Tier halt.

Um einiges dramatischer allerdings war die Sache mit dem Knecht'schen Zierteich. Es gibt nur wenige Katzenrassen, die Wasser mögen. Main Coons allerdings lieben Wasser geradezu, und sind auch, was Goldfische angeht, keine Kostverächter.

Und so erschien dann Herr Knecht eines Tages bei uns und brüllte, dass unser verdammter Kater seinen Zierteich ausgeräubert hätte.

»Was?«, stellte Claudia sich dumm, ahnte allerdings sofort, dass der Mann wohl recht hatte, »Aber Herr Knecht, ich kann mir gar nicht vorstellen, dass Mikel da am Wasser war!«

»ICH HABE IHN GESEHEN, UND ALLE UNSERE GOLDFISCHE SIND HIN!«, schrie Knecht, der, wie uns zugetragen wurde, übrigens in Verdacht stand, Gift auszulegen, natürlich ohne dies kenntlich zu machen, wie es eigentlich Vorschrift ist.

»Herr Knecht«, sagte Claudia geduldig, »bestimmt haben Sie da ein Tier an Ihrem Teich gesehen. Bloß wird Mikel das nicht gewesen sein. Sie wissen doch, Katzen und Wasser, das geht doch gar nicht zusammen.« Wobei sie natürlich verschwieg, dass Mikel bei Gelegenheit sogar mit uns zu baden versuchte.

Knecht wurde unsicher. Natürlich stimmte es, was man über Katzen und Wasser sagte. Aber er *hatte* da etwas gesehen. Es hatte ein Tier in (!) seinem Teich gesessen, das verdächtig nach unserem Kater aussah, und nach den Fischen angelte ... doch, das war bestimmt der Kater ... natürlich, aber mitten im Wasser ... im Teich ... und das als Katze ... schon sehr ungewöhnlich, aber trotzdem ...

Claudia blieb ihrerseits standhaft bei der Unmöglichkeit dieser Version, während sie unauffällig auf eine kleine Goldfischleiche trat, die unser Kater als Mitbringsel vor unserer Haustür abgelegt hatte. Mit Müh und Not beruhigte sie den verunsicherten Herrn Knecht, der schließlich, zweifelnd an dem, was er gesehen hatte, kopfschüttelnd abzog. Ganz klar also, Mikel machte sich nicht gerade Freunde in unserer Straße.

Das änderte sich aber schlagartig – und sogar die Knechts wurden bald gnädiger und gingen nicht mehr mit dem Besen auf ihn los, sobald sie ihn bei sich sahen. – Mikel nahm das übrigens nicht weiter übel, für ihn war das ein lustiges Spiel, während die Knechts mit hochroten Köpfen hinter ihm herjagten. Manchmal wartete er sogar ein bisschen auf sie, wenn sie kaum noch schnaufen konnten, und ließ ihnen eine Ruhepause. Dabei grinste er, ganz bestimmt!

Der allgemeine Sinneswandel kam durch zwei Dinge zustande. Zum einen durch die Leiche einer sehr großen, fetten Ratte, die die Schieferdeckers neben ihrer Mülltonne fanden – unzweifelhaft das Werk unseres Katers. Aber Ratten sind nun allemal wesentlich schlimmer als Katzen, und wenn die sich erst einmal breitgemacht haben, sind sie noch weitaus unerfreulicher als Heimchen. Viel wichtiger war aber noch etwas anderes:

Mikel, völlig furchtlos und sich seiner Kampfkraft nur zu bewusst, ging nämlich dazu über, sich des Nachts auf höher gelegenen Stellen zu verstecken. Hier auf einem Garagendach, da auf einem hohen Ast. Und wartete dann ab. Er hatte nämlich Marder als potenzielle Beute entdeckt. Die waren in unserer Straße häufiger ein Problem, mit allen entsprechenden Schäden, die sie so an Autos verursachten, oder Dachböden, die sie besetzten. Jetzt aber wurde Mikel mehr als einmal dabei beobachtet, wie er den Mardern hinterherjagte. Und damit war das Problem sehr bald erledigt, und das Aufatmen allseits groß. Von nun an – sobald sich die Sache herumgesprochen hatte (ungefähr in fünf Minuten also) – war er mehr oder weniger überall gern gesehen, nimmt man die Knechts mit ihrem Zierteich einmal aus, aber selbst die wurden, wie gesagt, relativ pfleglich im Umgang mit ihm und Giftköder legten sie keine mehr aus.

»Wissen Sie was«, sagte Frau Schieferdecker eines Tages zu mir, »letztes Jahr mussten wir unseren Wagen ja gleich zweimal wegen der Marder zur Reparatur bringen. Aber ich glaube … jetzt werde ich Mikel mal eine Torte machen.«

Sie lächelte. Tja. Wie gesagt – so richten Katzen Menschen ab. Wenn schon nicht durch ihre bloße Schönheit, dann durch ihren praktischen Nutzen. Irgendeinen Weg finden sie immer.

*

Kinder allerdings können das weniger gut. Unsere beiden, Simone und Jan, waren den Knechts schon von Anfang an ein Störfaktor. Es war die übliche Leier, angefangen bei der Malkreide, über die Lautstärke und herumfliegendes Spielzeug bis hin zum ausgelassenen Lachen. Und überhaupt, wie sie schon von klein auf herumliefen! Unordentlich, manchmal sogar völlig verschmutzt!

Okay, das passte natürlich nicht zum Knecht'schen Garten und schon gar nicht zu ihrem menschlichen Gesamtbild. Kinder hatten da eher reinlich, ordentlich, geschniegelt und mucksmäuschen-still zu sein. Aber sie betrachteten uns ohnehin als hoffnungslosen Fall, wie an unserem Garten zu sehen war. Der Garten, hatte ich längst heraus, war bei den Knechts sozusagen das Maß aller Dinge, danach wurden die lieben Nachbarn und Mitmenschen beurteilt. Allerdings frustrierte es die Knechts zutiefst, dass sie Jahr für Jahr ständig nur den zweiten Platz bei ihrem Gartenwettbewerb be-legten, als wäre die Jury irgendwie verhext. Oder vielleicht sogar bestochen? Wer mochte das wissen?

Dass unser Verhältnis zu der Familie von gegenüber etwas angespannt war, entging natürlich auch Simone nicht. Sie und Jan hatten ja auch ein wenig darunter zu leiden und konnten im Vorbeigehen kaum den einen oder anderen bissigen Kommentar überhören, selbst wenn sie nicht so recht verstanden, was man da eigentlich von ihnen wollte.

*

Trotzdem, irgendetwas ging vor sich und deshalb beschloss Simo-ne, den Knechts ein Friedensangebot zu machen, das sie sozusagen nicht ablehnen konnten. So schlich sie sich eines frühen Morgens zum Blümchenpflücken aus dem Haus. Sie wollte einen besonders schönen Blumenstrauß zusammenstellen und ihn Frau Knecht schenken, weil sie aufgeschnappt hatte, dass die Geburtstag hatte. Da würde sie sich doch bestimmt ganz besonders freuen und dann immer besonders gut gelaunt sein, wenn sie Simone und Jan sah. Etwa nicht?

Und so ging Simone … Blümchen pflücken. Und nur die schönsten sollten es sein!

Und wo waren die schönsten Blümchen zu finden?

Hm?

Na, im Garten der Knechts natürlich. Wie praktisch! Und als die kleine Blümchenpflückerin fertig war und einen wirklich besonders schönen, bunten und geschmackvoll zusammengestellten Strauß hatte, klingelte sie bei Knechts an der Haustür ...

*

»Sehen Sie sich das an! Sehen Sie sich das an! Was IHRE TOCHTER getan hat! Kommen Sie mit, sehen Sie sich das an!«

Herr Knecht, der Claudia herausgeklingelt hatte, schnappte schier über, und Claudia überlief es eiskalt. Ein wenig schlecht wurde ihr dann auch, als sie die Bescherung sah – nämlich die von Simone sorgfältig abgeernteten Blumenbeete des Knecht'schen Vorgartens.

»Und wissen Sie was? Wissen Sie was?«, brüllte Knecht die ganze Straße zusammen, »Heute ist GARTENTAG! Heute kommt die Jury zum Begutachten! Wissen Sie, was das heißt? Was DAS heißt? AM GEBURTSTAG MEINER FRAU KOMMT DIE JURY UND DIESES JAHR HÄTTEN WIR GEWINNEN KÖNNEN! GEWINNEN! GE-WINNEN! GEWINNEN!«

Er hüpfte wie besessen zwischen den zerlegten Beeten herum, während Simone tränenüberströmt dabeistand.

Schwach und bleich lehnte die geschlagene Frau Knecht derweil in der Tür.

»Wann kommen die denn?«, fragte Claudia in der stillen Hoffnung, man könne die Blumen vielleicht irgendwie wieder rechtzeitig in die Beete zurückstecken oder so. Irgendetwas in der Art.

»WANN DIE KOMMEN?«, schrie Knecht. »GLEICH KOMMEN DIE! IN EINER STUNDE KOMMEN DIE!«

Claudia erholte sich langsam von dem Schreck, obwohl unser Nachbar Zeter und Mordio schrie. Zuerst flüsterte sie Simone etwas ins Ohr, die sofort nach Hause flüchtete. Dann wartete sie ab, bis Herr Knecht ausgebrüllt hatte, oder besser, vor Heiserkeit kaum noch einen Ton herausbrachte. Er stand einen Zentimeter vor einem Schlaganfall.

»Wir werden das in Ordnung bringen«, sagte sie im Brustton der Überzeugung, obwohl sie keineswegs sicher war, irgendetwas in Ordnung bringen zu können.

»Frau Knecht, Sie haben doch bestimmt schöne Blumenvasen, oder?«

Wie angekündigt erschien die Gartenjury nach etwa einer Stunde. Diesmal allerdings wurde sie nicht bloß von Herrn und Frau Knecht empfangen. Auch Claudia war dabei, und mit ihr Simone: Sozusagen geschniegelt und gebügelt, in ihrem schönsten Blümchenkleid und im Haar kleine Blumenspangen, geradezu die Verkörperung eines hinreißend niedlichen kleinen Mädchens, und dann auch noch eines Mädchens, das sehr schuldbewusst und ganz und gar zerknirscht war.

Etwas seltsam wirkte natürlich der frisierte Vorgarten, in dem nun auf den ausgedünnten Beeten Vasen mit Blumen standen. Entsprechend die Verwirrung der Jury. Im Hintergrund, hoffnungslos resigniert und schon jetzt besiegt, Herr und Frau Knecht.

Claudia begrüßte die irritierte Jury. Und dann ließ sie Simone erklären, wobei sich deren Kulleraugen wieder mit Tränen füllten, was passiert war. Dass sie doch nur Frau Knecht eine Freude hatte machen wollen. Weil sie doch gerade heute Geburtstag hatte. Und da hätte sie Blümchen gepflückt. Und sie wusste doch nicht, dass man das nicht machen darf. Oder vielleicht doch, aber sie hatte es zufällig vergessen. Und nun hätte sie aus Versehen alles kaputt gemacht. Aber es war ganz bestimmt alles keine Absicht! Und es wäre nicht gerecht, wenn man dafür Frau Knecht bestrafen würde. Oder Herrn Knecht. Die so gern auch mal gewinnen wollten. Und sie hätten doch sonst so einen schönen Garten. Da wären auch Schmetterlinge! Sogar hübsche Goldfische hätten sie mal gehabt! Und Simone hätte extra ihr schönstes Blümchenkleid angezogen. Und Blümchenspangen, gucken Sie mal!

Die Wirkung dessen wird man sich vorstellen können. Die Gartenjury schmolz geradezu dahin und wurde zu Wachs in Simones Händen, der das allerdings auch nicht entging. So setzte sie noch einen drauf, überwand sich und behauptete, dass die Knechts doch auch immer so lieb seien, und darum sollten sie auch mal gewinnen. Dann machte sie einen Knicks und schenkte jedem noch ein Gänseblümchen aus *unserem* Garten.

Was soll man sagen. Die Jury schaute sich betreten und zutiefst gerührt an. Und die Knechts bekamen ihren heiß ersehnten Preis. Zum ersten Mal. Um die nächsten Jahre dann in schöner Regelmäßigkeit wieder Zweite zu werden. Simone war halt nicht mehr dabei.

*

Von da an, man staune, gab es übrigens keine Beschwerden mehr über Simone. Nur manchmal über Jan, der mit seinen Kumpeln wilde Ritterspiele in unserem Garten (eigentlich auf unserer Wiese) ausfocht. Er nahm es meist gelassen. Nur einmal fragte er uns, ob er auch mal Blümchenpflücken gehen solle, vielleicht würden die Knechts bei ihm dann auch netter. Wir redeten ihm die Sache allerdings schnell wieder aus.

In bösen Momenten, wenn es grad wieder mal zwischen uns und den Knechts nicht zum Besten stand, überlegten wir ja ernsthaft, ob wir auch am Gartenwettbewerb teilnehmen sollten. Wir hätten vermutlich nur Simone mit ein paar Gänseblümchen in der Hand auf die Wiese vor unser Haus stellen müssen. Dann hätte sie ein niedliches Sprüchlein aufgesagt, lieblich geguckt und Knechts wären Dritte geworden. Umgesetzt haben wir die Idee allerdings doch nicht. Vermutlich hätten die von gegenüber sich dann einen Strick genommen. Also haben wir's gelassen. Alles hat seine Grenzen.

URLAUB MIT NACHBARN

Hm. Wenn ich es mir gerade recht überlege, sind wir vielleicht auch nicht unbedingt immer so ganz und gar besonders einfache Nachbarn. Kann sein. Allerdings sind wir zugänglich, bemühen uns tatsächlich um Rücksichtnahme und Höflichkeit, einschließlich der Kinder. Helfen tun wir auch, soweit es innerhalb der Nachbarschaft eben geht. Und bestimmte Dinge – Stichworte: Mikel, Jan, Simone – sind einfach wie sie sind. Unabänderlich, auch wenn Knechts es gern ändern wollten. Dann müssen wir auch auf Entgegenkommen und ein wenig Verständnis hoffen, selbst wenn unsere Argumente manchmal etwas schwächlich klingen, egal wie wahr sie sind. Mikel ist halt ein geborenes Raubtier, dafür aber, ähm, besonders schön, und mardertechnisch doch ganz praktisch, oder? Und Jan und Simone zahlen vielleicht auch mal *Ihre* Rente. Wie wär's also, sie wenigstens eine einigermaßen unbeschwerte Kindheit genießen zu lassen, bevor die elende Schufterei beginnt?

Dafür beklagten wir uns selber dann wieder praktisch nie, wir kennen schließlich unsere eigenen Schwachstellen. Wer im Glashaus sitzt ... nun ja. Also beschwerten wir uns selbst dann nicht, wenn Knechts jeden zweiten, dritten Tag den Rasenmäher anschmissen. Wir vermuteten einfach, dass das zu den lebenserhaltenden Maßnahmen der beiden zählte. Okay, etwas unschön, dass für sie offenbar mittägliche Ruhezeiten außer Kraft gesetzt waren, auf deren strikte Einhaltung sie gleichwohl bei anderen bestanden. Besonders erfreulich war das bei Kopfschmerzanfällen oder wenn die Kinder eine Runde schlafen sollten.

Klar fragten wir uns auch, weshalb ihr Rasen vom Ausmaß eines Türvorlegers und mit dem Zierkram drum herum, den ganzen Bäumchen, Büschchen und Wegelein, dem Teichlein (mit Brücke!), der Deko, dem künstlich angelegten Minihügel und den verschlungenen Pfaden durch das Paradies, eine derart intensive Bearbeitung brauchte, aber das war ja nicht unser Problem. Letztlich haben sich wohl beide Seiten zähneknirschend arrangiert und es wenigstens bei einem Mindestmaß an Höflichkeit belassen.

Auch sonst hielten wir uns zurück, etwa bei der Familie Koslowski, ein Stück weiter die Straße herunter. Der Mann, mit Goldkettchen und Vokuhila, war schier besessen davon, seinen Uralt-Cadillac, einen echten Straßenkreuzer, auf Vordermann zu bringen, mit entsprechender Lärmbelästigung (etwa durch sehr beeindruckende Fehlzündungen, die klangen, als solle irgendeine Festung sturmreif geschossen werden und die gelegentlich die Fenster zittern ließen), und manchmal sogar Geruchsbelästigung, wenn aus der alten Karre schwarze Wolken aufstiegen, die sich dann über die Straße legten.

Das Hobby seiner Frau Sybille dagegen war ein etwas zerzaust wirkender Ara, circa zweihundert Jahre alt, der teils im Haus, teils in einem selbst gebauten Volierenanbau direkt am Haus sein Dasein fristete und dies auch lautstark kommentierte. Immerhin nur gelegentlich, allerdings hatte Blaumann (so hieß er) auch zuweilen, so Frau Koslowski lachend, »seine fünf Minuten«, die in der Regel fünf Stunden dauerten. Mir kam es dann so vor, als kreische Blaumann hysterisch gegen den nahenden Tod an, aber schließlich kenne ich mich mit Papageien nicht aus.

Im Übrigen hätten die Koslowskis wahrscheinlich behauptet, dass wir befreundet wären, hatten wir doch sogar schon einen Urlaub gemeinsam verbracht, hahaha! Was für ein Zufall! Hahaha!

*

Oh ja, was für ein Zufall. Hätten wir gewusst, dass die Koslowskis dasselbe Billigparadies gebucht hatten wie wir, wir hätten eher auf zwei Jahresurlaube verzichtet. Aber nein. Man traf sich zufällig auf dem Weg zum Strand.

»Ja sieh mal einer an! Die Petzens! Mensch, ich glaub's ja nicht! Was für ein Zufall! Sie auch hier?! Hahaha, Mensch, das kann ja dolle werden! Mensch, da haben wir ja gleich Bekannte hier! Mensch, und auch auf dem Weg zum Strand? Was für'n Zufall! Da wird ja der Hund in der Pfanne verrückt! Mensch! Die Petzens! Ausgerechnet! Sie hier! Und wir auch! Mensch! Hahaha! Welches Hotel haben Se denn? Ach, wie schade, wir nich, aber gleich nebenan! Mensch, müssen wir doch mal gucken, ob wir uns von den Balkons zuwinken können, hahaha!«

Wir konnten, Gott sei Dank, nicht, drückten aber pflichtgemäße Begeisterung über dieses sensationelle Treffen aus, auch wenn Jan aussah, als wolle er sich sofort übergeben, und ich mir die Frage verkneifen musste, ob »der Günni« denn den weiten Weg mit dem Cadillac gefahren und dabei das alte Schlachtschiff verdammt noch mal endlich verreckt sei.

Vom Moment dieses unseligen Treffens an hatten wir also die Koslowskis am Hals, unausweichlich. Innerlich wimmernd und seufzend verabredeten wir uns am Strand oder zum Essen, und für die Koslowskis war alles eine große Party.

*

Mal ganz ernsthaft: Die beiden waren, so im Rahmen ihrer Möglichkeiten, durchaus nett. So ist's nicht. Vielleicht etwas aufdringlich und anhänglich wie Kaugummi unter der Schuhsohle. Und vielleicht lagen unsere Interessengebiete ein wenig weit auseinander.

Aber dennoch, die beiden gaben sich durchaus Mühe, uns mit ununterbrochenen und stets nur leicht abgewandelten Vergaser- und Gefiedergeschichten ohne jede Pointe bei Laune zu halten. Man sollte gar nicht glauben, was das alles für Stoff hergibt. Möglicherweise, wenn mich mal der Weltschmerz packt und ich die Welt mittels Verbreitung purer Ödnis vernichten will, lasse ich die Koslowskis alles noch einmal erzählen und veröffentliche dann die Abschrift. *Das tödliche Buch* werde ich's dann nennen.

Jedenfalls, wir bekamen den Günni und die Bille nicht mehr los. Sie ließen sich auch nicht mit zum Weglaufen langweiligen fiesen

Gegengeschichten stoppen, vielmehr klinkten sie sich ungerührt und schmerzbefreit sofort wieder ein, um völlig zusammenhanglos eine womöglich noch ödere Heckflossen- und Krallenbeschneidungsgeschichte vom Stapel zu lassen als eine der letzten zehntausend zuvor. Nach der Hälfte unseres Urlaubs waren Claudia und ich dann derart fertig, dass wir ernsthaft mit dem Gedanken spielten, einen überraschenden Omatod vorzutäuschen, der uns zur umgehenden Heimreise zwänge.

Die Erleuchtung kam uns erst, als Günni behauptete, dass der einzig wahre Urlaub am Strand stattfände, auch wenn, na, der Allerjüngste ist man ja auch nicht mehr, heutzutage das Komasaufen wegfalle, anders als früher. Das waren noch Zeiten! Und da wäre er ja auch auf seinen Caddi gestoßen, der wäre noch in einem unzumutbaren Zustand gewesen und …

»Na, aber nur Strand, Günni?«, unterbrach ich ihn. »Morgen zum Beispiel wollen Claudia und ich einen Ausflug machen und etwas Kultur schlürfen. Wie schaut es aus mit euch, wollt ihr mit?«, fragte ich spontan. Günni und Bille sahen mich an, als hätte ich ihnen ein unmoralisches Angebot gemacht, oder Schlimmeres.

»Nee, nee, Moritz, da fahrt ihr mal schön allein hin! Wir machen's uns inzwischen gemütlich hier! Sonne und Strand, was will man mehr? Wir sehen uns dann übermorgen!«

Sobald wir uns etwas später außer Sichtweite unserer Nachbarn befanden, gab mir Claudia einen Kuss wie in unserer wildesten Anfangszeit.

»Mein Lebensretter! Mein Held!«, stöhnte sie erleichtert und dankbar. »Mein Gott, wir haben Günni- und Billefrei! Einen ganzen Tag! Keine roten Caddipolster und kein Papageiendurchfall!« Sie hüpfte herum wie ein kleines Mädchen.

Am Abend trugen wir dann den Kindern vor, dass wir am nächsten Tag die Hotelburg verlassen würden.

»Ich will aber nicht!«, fauchte Simone bockig, die vor dem Urlaub schwer an ihrer Bikinifigur geschuftet hatte.

»Ich will an den Strand und keine blöden Sehenswürdigkeiten sehen! Und mal echt, ich brauch nicht auch noch Schule in den Ferien!«

»Gut«, sagte Claudia sanft, »ganz, wie du willst.«

Simones Augen leuchteten bereits begeistert auf, weil sie sich, vermutlich zu ihrer eigenen Überraschung, endlich einmal durchgesetzt hatte.

»Wenn du also nicht mit willst«, fuhr Claudia fort, »lassen wir dich bei Günni und Bille und nehmen nur Jan mit. Da trifft es sich ganz gut, dass die beiden da sind. Die können ein Auge auf dich haben.«

»Was?«, kreischte Simone empört. »Das könnt ihr doch nicht tun! Ich krieg echt Ausschlag von denen! Ich muss dann sterben! Das geht nicht!«

»Tja, dann tut's uns leid«, unterstützte ich Claudia. »Aber leider hast du nur die Auswahl zwischen den beiden am Strand oder uns irgendwo unterwegs und weit, weit weg.«

Simone warf uns einen hasserfüllten Blick zu.

»Also gut!«, knirschte sie schließlich. »Aber nur, wenn's da, wo wir hinfahren, auch einen Basar gibt!«

Den Rest unseres Urlaubs verbrachten wir notgedrungen damit, dass wir unter Vermeidung des Günni- und Bille-Strandes und gegen unseren Willen Kultur, Land und Leute kennenlernten, und Simone und Claudia schleiften Jan und mich mit schließlich wachsender Begeisterung über endlose Märkte, was sehr, sehr teuer wurde. Und natürlich fotografierten wir während unserer Ausflüge wie wild kulturwichtige Steinhaufen (oder was wir dafür hielten), um für Günni und Bille bei etwaigen abendlichen Essen den Beweis antreten zu können, dass wir sie nicht bloß gemieden hätten und einfach an irgendeinem anderen Strand gefahren wären.

Waren wir heimlich aber doch, ein-, zweimal zumindest, ich geb's zu. Und es war auch ganz schön, selbst wenn die Anreise etwas weit war. Vor allem war es schön ruhig.

Nach diesen Erfahrungen jedenfalls horchten wir in Zukunft unauffällig unsere Nachbarn auf ihre Urlaubspläne hin aus:

»Ach, ihr wollt dieses Jahr in die Türkei? Ach wie schade, bei uns ist diesmal Italien dran! – Italien? Nein, wir fahren diesmal nach Spanien ...«

Und dabei blieb es. Nie wieder Nachbarn im Urlaub. Ganz egal, wie sie heißen, wer sie sind, ob sie Cadillacs bevorzugen oder besessen sind von ihren Papageien und Gärten. Auch wenn wir zugeben müssen, dass unsere unfreiwilligen Ausflüge und Koslowski-Fluchten uns durchaus weitergebracht haben. Und sich sogar auch ein paar nette und freundschaftliche Kontakte in unser Urlaubsland ergeben haben, die wir heute noch pflegen. Na ja. Gut. Ich sagte es ja schon – Nachbarn, wenn auch nicht freiwillig, können durchaus etwas zur eigenen Bildung beitragen.

BÜRGERWEHR

Als wir nach diesem Urlaub – und ein paar Tage nach den Koslowskis – wieder zu Hause aufschlugen, fanden wir unsere Nebenstraße in ziemlichem Aufruhr vor.

Mehrfach hatte in den letzten Wochen ein offensichtlich unberechenbarer, gefährlich gestörter Triebtäter Frauenunterwäsche von den Trockenleinen gestohlen. Dabei machte er weder vor Frau Knechts Liebestötern noch vor den Tangas von Bille Koslowski halt, an die ich mich aus dem Urlaub zwar vielleicht hätte erinnern sollen, es allerdings nicht konnte. Vielleicht lag das daran, dass etwas allzu viel dunkelbraun gebranntes Körperfett darübergequollen war, sodass man das nicht wirklich beurteilen konnte. Jedenfalls schlug der Sexverbrecher mit seiner seltsamen Schwäche für frisch gewaschene Unterhosen jeder Art völlig wahllos zu. Ohne zu einem Erfolg zu kommen, hatte man sich hier und da schon mal nächtlich auf die Lauer gelegt, und sogar versucht, ihm eine Falle mit ausgewählter Unterwäsche zu stellen.

Inzwischen wurde bereits geplant, vor allem angeschoben von der besonders erbitterten Bille Koslowski, eine Bürgerwehr auf die Beine zu stellen, die des Nachts Wachrunden drehen sollte. Zu meiner Begeisterung war ich auch schon eingeteilt. Bestimmt würde ich mich dem ja nicht entziehen, schließlich hatte ich Frau und zwei Kinder zu verteidigen.

Während Claudia und Simone darüber zunächst noch grinsten, änderte sich das, als auch Unterwäsche von ihnen verschwand. Jetzt überlegten sie sogar, ob wir nicht durch Freunde in den USA ein halbautomatisches Sturmgewehr kriegen und ob die uns das nicht in unauffälligen Einzelteilen per Post zuschicken könnten.

Ich wies zwar das Ansinnen, ebenso übermüdet wie schwer bewaffnet durch die Gegend zu schleichen und jeden nächtlichen Passanten ohne Vorwarnung niederzumähen, empört zurück, wurde dafür dann aber von meiner Familie als Feigling und zivilisatorisches Weichei gescholten. Jan sah mich in letzter Zeit sowieso schon skeptisch an und zweifelte ganz offen an mir als Heldenvater. Aber besonders Simone verlangte Blutrache an dem Unbekannten – immerhin war ihr absolut total favoritisierter Lieblingsslip, ohne den sie ganz bestimmt nicht mehr leben könne, auch verschwunden. Und schließlich würden alle echten und liebenden Papas der Welt ihre Töchter doch beschützen, oder wollte ich etwa nicht mehr ihr Papa sein?

Ich wollte zwar, aber ohne Sturmgewehr, worüber sie das Näslein rümpfte, was dazu führte, dass ich mich urplötzlich als sehr, sehr schlechten Vater sah. Folglich stimmte ich ächzend zu, mal einen nächtlichen Rundgang durch die Gemeinde zu machen und zusammen mit den anderen männlichen Helden unserer Seitenstraße – die sich inzwischen bereits mit Pfefferspray, Gas- und Schreckschusspistolen gegenseitig zu übertrumpfen versuchten – des Nachts Patrouille zu gehen. Auch wenn ich fand, dass Spaß dieser Art besser den polizeilichen Einsatzkräften überlassen bleiben sollte. Die hatten allerdings trotz Anzeige noch immer nicht so recht eingesehen, eine mindestens hundertköpfige Sonderkommission zu bilden und mit wenigstens drei Streifenwagen rund um die Uhr unser Sträßlein zu blockieren. Auch war von verdeckten Ermittlern und der GSG 9 zur Enttäuschung aller bisher nicht wirklich die Rede gewesen. Bloß ein einsamer Kontaktbereichsbeamter der Polizei schlurfte mal so ab und an mit hängenden Schultern vorbei, und das auch nur unregelmäßig und tagsüber. Er schien überdies in Gedanken versunken und genug mit sich selbst zu tun zu haben. So ganz vertrauenserweckend wirkte das also zugegebenermaßen nicht.

Unterdessen bereiteten die Knechts über einen Abgeordneten, den sie durch den Gartenverein persönlich kannten, eine Eingabe im Landtag vor, die der Landesregierung mal so richtig Feuer machen sollte, die überdimensionierten Unterhosen von Frau Knecht wieder heranzuschaffen.

*

Doch bevor es zu all dem kam, löste sich die Sache ganz einfach in Luft auf: Als Bille nämlich die Voliere ihres Papageis Blaumann einer mal wieder fälligen Totalreinigung unterzog und dabei in einem Kasten im hintersten Eck seine neu angelegte Sammlung von Unterhosen aus der Umgebung fand. Wie sich herausstellte, hatte Blaumann einfach gelernt, seine Voliere selber zu öffnen. Nachts genoss er dann gelegentlich seine Freiflüge, kehrte aber immer wieder brav nach Hause zurück. Aber nicht, ohne das ein oder andere Beutestück als Souvenir mitzubringen, wobei er offensichtlich auf seine alten Tage eine Schwäche für Unterwäsche entwickelte, aus welch merkwürdigen Gründen auch immer. Und Bille, wie zuvor schon ihrer Papageienurlaubsvertretung, war zwar schon aufgefallen, dass manchmal die Volierentür offen stand, aber beide hatten das eigener Vergesslichkeit zugeschrieben. Und schließlich war der Vogel ja da.

Nun, vielleicht sind diese Tiere manchmal etwas eigenartig, aber blöd sind Papageien auf gar keinen Fall. Und mit einiger Wahrscheinlichkeit auch intelligenter als alle Bürgerwehren dieser Welt, besonders als die mit Sturmgewehren.

BIG NEIGHBOUR
IS WATCHING YOU

Nach all dem wird man verstehen, weshalb ich bei unserem notgedrungenen Auszug aus unserer Nebenstraßenidylle etwas irritiert war, dass uns die Knechts so überaus freundlich und geradezu gerührt verabschiedeten. Ich vermute aber, dass sie nun hoffnungsfroh in die Zukunft blickten und sich auf neue Nachbarn freuten, die bestimmt dieselben gartentechnischen Maßstäbe anlegen würden wie sie. Worin sie sich übrigens getäuscht hatten. Als wir Frau Schieferdecker später einmal beim Einkaufen trafen, erzählte sie uns, dass sich unsere Nachmieter sogar noch weniger um Unkraut & Co. kümmerten und die Knechts deshalb erneut etwas am Rad drehten, da sie der festen Überzeugung waren, dass alles mögliche ungute Kraut zu ihnen herüberwehe und da Wurzeln schlage. Und damit natürlich ihre Chancen auf einen erneuten Sieg beim Gartenwettbewerb erheblich geschmälert würden. Ohne Simone gab ich ihnen allerdings sowieso keine Chance.

»Es kommt halt nichts Besseres nach«, meinte Frau Schieferdecker, »ich hab mir das ja gleich gedacht. Und neulich hat Frau Knecht sogar noch ein Loblied auf euch gesungen. So freundliche, verständige Nachbarn, die wenigstens ihre Wiese gepflegt haben! Ehrlich gesagt, wir vermissen euch alle ein bisschen. Und außerdem …«, sie seufzte, »haben wir wieder Marder. Ihr würdet Mikel wohl nicht verleihen? Ach, irgendwie fehlt mir euer Kater sowieso! Es war doch ganz nett, wie er sich so hereingeschlichen hat, auch wenn man sich manchmal erschreckt hat. Ich hab schon überlegt, ihm eine Katzentorte zu machen und sie bei euch vorbeizubringen.«

Nein, ausleihen würden wir ihn nicht. Aber natürlich gingen uns diese Nachrichten runter wie Öl. Plötzlich wurden wir vermisst und man dachte gern an uns. Das war nicht schlecht, selbst wenn man bedenkt, dass die Erinnerung oft etwas glorifizierend ist. Und beruhigend war es auch. So schreckliche Nachbarn konnten wir also doch nicht sein. Dafür hatten allerdings wir, nach

Jahren relativer Ruhe, jetzt ganz andere Probleme. Und wenn wir gedacht hatten, dass wir inzwischen schon alles erlebt hatten und eigentlich schon recht abgebrüht waren, sollten wir jetzt lernen, dass man immer noch überrascht werden kann.

*

Unser neuer Vermieter, ein Herr Müller, hatte selber vor uns in dem Haus gewohnt, das nun wir mieteten, und meinte, dass er mit Haus und Grund doch recht verbunden und froh sei, wenn es in gute Hände käme, eine Bemerkung, die irgendwie erfreulich klang, einerseits. Aber andererseits auch seltsam. Und Kinder – nun ja, irgendwo müssten auch die Kinder bleiben. Hauptsache, sie schmutzten nicht so. Ob allerdings ein solcher Kater sein müsse, da habe er schon so seine Zweifel. Aber Hauptsache, der würde nicht die Tapeten von den Wänden kratzen, darauf sollten wir achten. Wäre aber immerhin nicht so übel gegen die Ratten. Und die Katze sollte besser nicht nach gegenüber laufen, der Nachbar da hätte einen Kampfhund. Nur so als Tipp. Und sonst seien noch ein paar Schönheitsreparaturen am Haus zu erledigen, das würde er aber selber machen, kein Problem.

Das waren die Ansagen, die wir am zweiten Tag nach unserem Einzug bekamen.

Das Haus selbst war ganz hübsch. Am Ende einer Sackgasse gelegen, gab es nur zwei direkte Nachbarn. Nachbar Nummer eins, Meyer, reagierte nicht weiter, als wir klingelten, um uns vorzustellen. Ein bisschen düster war das Ganze auch. Alle Fenster verhängt, und der Vorgarten voll von … ach, nennen wir's ganz einfach beim Namen: Voll von Müll und Sperrmüll jeder Art. Stühle, Sofas, Sessel, ein zerlegtes Motorrad, ein paar Einkaufswagen, Elektrogeräte, lecke Tonnen, auseinandergefallene Kisten, Kleider, Schuhe, durchweichte Zeitungsbündel, zerbrochene Vasen, Holzpaletten, Koffer, ein Moped, Matratzen, eine Autoruine, und eine ebensolche Wohnwagenruine. Um bloß ein paar wenige Dinge aufzuzählen, alles mehr oder weniger zerlegt und zerschlagen, als hätte eine Horde Vandalen sich mal so richtig ausgetobt.

Und nein, das war uns beim Besichtigen unseres neuen Hauses nicht aufgefallen, zumal Meyers Haus und Grundstück sowieso fast hinter riesigen Tannen und wild wuchernden Büschen verschwand. Erst jetzt, als wir Meyers Grundstück – vermutlich widerrechtlich, allerdings hatten wir uns ja nur vorstellen wollen – betreten hatten, kam das alles zu Tage. (Übrigens hing am nächsten Tag eine schwere Kette mit Sicherheitsschloss an Meyers Pforte. Offensichtlich hatte er unseren Besuch zwar mitbekommen, erwünscht war er aber nicht gewesen.)

Claudia wurde es inzwischen regelrecht gruselig.

»Lass uns weg hier«, sagte sie, nachdem wir geklingelt hatten, von drinnen aber keine Reaktion kam. Um uns herum lag bedrohliches Schweigen.

»Ich fühl mich wie bei Jeffrey Dahmer zu Hause«, fuhr Claudia leise fort. »Oder Fritz Honka, oder sonst einem Serienkiller. Keine Ahnung, wo wir hier gelandet sind, aber langsam wird mir klar, weshalb Müller meinte, Mikel wäre wenigstens gut gegen Ratten. Die gibt's hier bestimmt auch.«

Wir wechselten die Straßenseite und gingen zum anderen Nachbarn. Der war ein dürrer Typ mit ungesunder Hautfarbe und auffallend wirren kurzen Haaren, der zudem merkwürdigerweise ein Fernglas um den Hals hängen hatte. Als wir an seiner Gartenpforte klingelten, brachte er zur Begrüßung gleich seinen Kampfhund mit, oder der Kampfhund brachte ihn mit, so genau ließ sich das nicht sagen. Das Tier war ein Urviech, das auch ohne Aufputschmittel, Schminke und Leuchtfarbe locker den *Hund von Baskerville* hätte spielen können. Mir wurde Mikels wegen angst und bange. Ich kannte den Größenwahn unseres Katers, wusste aber auch, dass er gegen diesen Hund nicht den Hauch einer Chance hatte. Die Frage war, ob Mikel das auch so einschätzen würde. Vermutlich nicht. Er hatte uns schon einige Kostproben seines todesmutigen Kampfeswillens geliefert.

Schulze hieß unser Kampfhundnachbar, und er fragte gleich als Erstes misstrauisch, ob der Name Petz nicht irgendwie aus dem Polnischen käme, wobei er die Augen zusammenkniff.

»Wie jetzt, aus dem Polnischen?«, fragte ich verblüfft.

»Weiß nicht, klingt das deutsch? Petz? Oder kommt das aus der alten Ostmark? Is doch nicht irgendwie 'n Witz oder so was? Für so was ham wir hier nämlich kein' Humor, und Herrmann auch nich!«

»Was für ein Herrmann?«

»Mein Hund, seh'n Se doch.«

Irgendwie ging bei mir eine Alarmleuchte an.

»Aha. Okay … jedenfalls, da Sie's gern wissen wollen: Petz ist deutsch. Durch und durch. Die ganze Familie.«

Schulze nickte zufrieden.

»Dann is ja mal gut, oder nich. Haltet die Straße sauber, sag ich ja immer. Finden Se nich?«

»Eigentlich«, sagte Claudia bissig, »haben wir unsere Ariernachweise immer dabei, aber jetzt sind sie gerade in unseren Umzugskartons.«

»Solche Papiere gibt's ja nicht mehr«, belehrte uns Schulze unbeeindruckt. »Obwohl damals auch Schindluder damit getrieben worden ist. Konnte man sich auch nicht drauf verlassen. Was sind Se von Beruf?«

»Ich arbeite zu Hause«, sagte ich vage, da ich nicht die mindeste Lust verspürte, mit Schulze noch über deutsche Literatur zu sprechen, die er, wie ich geschworen hätte, vor 45 sicher viel besser als heutzutage gefunden hätte. Theoretisch zumindest, ich konnte mir Schulze beim besten Willen nicht mit einem Buch vorstellen.

»Und meine Frau ist eine treusorgende deutsche Hausfrau und Mutter«, fügte ich dann noch hinzu.

»Dann is ja alles klar«, meinte Schulze, während ihm sein über-
schnappender Herrmann, der vermutlich Mikel an uns erschnüf-
felt hatte, fast zu Boden riss.

»Ich bin Mechaniker. So Teilzeit.«

Tatsächlich allerdings war Schulze, wie wir von unserem Vermieter Müller erfuhren, Frührentner, und als Teilzeitmechaniker
nur an seinem eigenen Wagen beschäftigt.

*

Als Claudia und ich, beide mit ziemlich unguten Gefühlen, nach
dieser kurzen Vorstellungsrunde zurückgingen, schwiegen wir erst
mal betrübt. Dann sagten wir gleichzeitig:

»Mikel muss weg.«

Die Sache war klar, obwohl wir noch hin und her überlegten.
Aber im Haus konnten wir ihn nicht halten, und natürlich würde
er dann draußen seine Runden drehen – sich bei der Meyer'schen
Müllhalde im Garten erst die Pfoten aufschneiden, bevor er dann
bei Schulze als Kampfhundfrühstück endete.

Wenigstens fanden wir noch am selben Abend eine gute Lösung
für ihn: Wir konnten ihn erst einmal bei Freunden auf dem Land
unterbringen (wo er dann Füchse durch die Gegend scheuchte –
kein Kommentar).

Aber wohl war uns damit nicht. Wir waren eben eingezogen
und Mikel ein Familienmitglied. Ihn dann umgehend weggeben zu
müssen … Doch das Risiko war einfach zu hoch. Und was unsere
direkten Nachbarn sonst noch betraf, rieten wir unseren Kindern,
beide zu ignorieren. Vorläufig jedenfalls machte uns unser direktes
Umfeld nicht unbedingt glücklich. »Aber was zum Teufel soll man
denn tun«, fragte Claudia, »wenn man irgendwo einzieht? Die ganze Nachbarschaft erst einmal von Privatdetektiven durchleuchten
lassen? Das ist doch Quatsch. Im Grunde kannst du dich doch nur
auf dein Glück verlassen. So einigermaßen.«

Ich zuckte die Achseln.

»Mir sind die Nachbarn völlig egal, solange wir einigermaßen Ruhe haben«, entgegnete ich. »Okay, die Sache mit Mikel, das ist Pech. Kann weder der Kater noch Herrmann was dafür. Die sind nicht kompatibel und das Risiko ist zu groß. Aber was man wegen der zukünftigen Nachbarn machen soll … keine Ahnung.«

*

Wenn man früher durch das Internet surfte, gab es ja überaus freundliche Seiten, wo vor angeblich bösen Nachbarn, Vermietern und Mietnomaden gewarnt wurde. Jeder Denunziant oder sonst irgendwie Böswillige konnte sich da breitmachen und völlig anonym über egal wen herziehen. Entsprechend sah es denn auch bald aus. Im Grunde wurde vor ganz Deutschland gewarnt. Sollten diese Seiten jemals einfach nur praktisch gemeint gewesen sein, was ich bezweifle, dann verfehlten sie ganz sicher ihr Ziel. Dafür ließen sich dort aber ganz prima Rufmordattacken anschieben und Beleidigungen, Unterstellungen und bösartigste Verleumdungen einstellen. Ich weiß nicht, ob es diese Seiten noch gibt, was ich nicht hoffe, aber irgendwie sinnvoll oder gar verlässlich sind sie nicht, das scheint mal sicher. Claudia hatte wohl recht, die neuen Nachbarn sind eben immer Glückssache, egal, ob man irgendwo hinzieht oder sie einziehen.

Aber ich glaube, wir wussten beide schon an diesem Abend, dass es vielleicht nicht ganz so einfach werden würde, hier glücklich zu werden. Und klar blutete uns Mikels wegen das Herz, auch wenn wir sicher sein konnten, dass er es gut haben würde. Er sich vielmehr sogar pudelwohl fühlen würde, sofern man das von einem Kater sagen kann.

Okay. Manchmal gibt's halt Lebensumstände, die nicht wirklich witzig sind und wo man schon aus rein materiellen Gründen auch nicht unbedingt so flexibel sein kann, wie man will. Erst einmal stellten wir uns auf eine mikelfreie Zeit ein, alles Weitere würden wir sehen.

*

Wer noch sehr viel mehr sah als wir, war Kampfhundschulze, wie wir dann feststellten. Oder genauer gesagt: Simone.

»Sagt mal«, meinte sie ein paar Tage später, »ist euch auch aufgefallen, dass Herr Schulze immer auf seinem Dach rumhängt? Was macht der da eigentlich?«

Das war, von einem unserer oberen Fenster aus, eigentlich unschwer zu sehen.

Schulze hockte im Gartenstuhl unter einem Sonnenschirm auf seinem Flachdach, während unten auf seinem Grundstück sein sabbernder Höllenhund herumtobte.

Gelegentlich setzte er mal das Fernglas an und warf dann einen Blick in die Runde, und zwar besonders zu uns herüber, wie mir schien.

Ich rief unseren Vermieter, was nicht weiter schwierig war, denn der reparierte gerade irgendetwas auf unserem Dachboden.

Er reparierte immer etwas bei uns.

Jeden Tag.

Seit wir eingezogen waren.

»Ach, der Benno«, sagte Müller mit einem kurzen Blick nach draußen. »Tja, das macht der immer. Guckt und schaut sich um. Ist aber ganz harmlos, da gewöhnen Sie sich dran.«

»Wie bitte?«

»Ja, das ist eben so ein Tick von ihm«, sagte Müller gemütlich. »Er behält die Gegend im Auge. Hat er schon gemacht, als ich hier noch gewohnt habe.«

»Er hat sie auch ständig beobachtet?«

»Na, meinethalben. Ich hab ja nichts zu verbergen. Und Sie sicher auch nicht, oder?«

»Das hat doch damit nichts zu tun! Wer will schon ständig vom Nachbarn beglotzt werden? So etwas wie Privatsphäre kennen Sie sicher auch, oder?«

»Sicher. Aber der Benno kann ja von da aus nur auf das Haus und den Vorgarten gucken. Was Sie hinter dem Haus treiben, sieht der von seinem Dach aus gar nicht. Das kann er höchstens mal mitbekommen, wenn er seine Runde dreht.«

»Aha. Also Wachgänge macht der auch, oder wie?«

»Na, er muss ja sowieso den Herrmann ausführen. Und klar kommt er dann mal hier herum, oder auch hinten den Weg lang am Grundstück vorbei.«

»Und sein Fernglas hat er dann auch dabei?«

Müller lachte.

»Also Benno ohne Fernglas, das ist gar nicht vorstellbar! Sie haben vielleicht Ideen!«

»Ja, und nicht bloß das«, sagte ich sauer, »ich habe auch Frau und Tochter, die es keineswegs schätzen, wenn in ihre Fenster gespannt wird. Nur mal so als Beispiel.«

»Na, Herr Petz, nun haben Sie sich mal nicht so. Wozu gibt's denn Gardinen und Vorhänge? Der Benno tut keiner Fliege was. Und Spanner, das lassen Sie den Benno lieber nicht hören, sonst gibt's gleich eine Anzeige.«

»Aha. Sie finden das also so weit ganz in Ordnung mit dem Benno?«

Müller machte eine Handbewegung.

»Na, jeder von uns hat halt so seine Ticks, oder? Und mit dem Benno, also wenn da einer immer gut aufpasst, dann ist die ganze Gegend doch gleich viel sicherer.«

»Ich hatte eigentlich nicht den Eindruck, dass es hier unsicher ist.«

»Ist es auch nicht. Benno ist schließlich da. Dem entgeht nichts. Der ist besser als die Polizei. Und das auch noch umsonst.«

»Und die anderen Nachbarn? Wie finden die das?«

»Na, das ist nicht mein Bier«, sagte Müller. Damit entschwand er wieder auf unseren Dachboden.

*

Am Abend, sobald unser Vermieterhandwerker (oder umgekehrt) gegangen war – nicht, ohne sich für den nächsten Tag erneut anzukündigen, da etwas im Keller zu tun sei –, berief ich, hinter zugezogenen Vorhängen, einen Familienrat ein und brachte sie auf den Stand der Dinge.

»Igitt!«, rief Simone. »Ich will ein anderes Zimmer! Das nach hinten rausgeht! Das ist doch ekelhaft! Kann man dem das Glotzen nicht verbieten?«

»Müssen wir uns mal schlaumachen«, sagte Claudia, die ohnehin schon unter Mikelentzug litt, unglücklich.

»Ich will auch ein Zimmer nach hinten raus!«, schloss Jan sich an.

»Ich glaube, wir wollen alle ein Haus, das irgendwie nach hinten raus geht«, sinnierte ich finster.

»Wir haben's ja wirklich gut getroffen diesmal«, ächzte Claudia. »Hier ein Messie, da ein Überwachungsfreak und dann noch ein Vermieter, der mehr bei uns wohnt als bei sich.«

»Ein Messie?«, kreischte Simone. »Hier bei uns?«

»Keine Ahnung«, sagte Claudia. »Vielleicht errichtet der Mann auch bloß einen Schutzwall gegen den Kampfhundschulze.«

»Ach, deshalb hat das neulich so komisch gerochen!«, meinte Jan.

»Was hat gerochen?«

»Na ja, keine Ahnung. Irgendwie nach Müllhalde. Da wart ihr nicht da.«

»Igitt!«, kreischte Simone wieder. »Wie Müllhalde? Und riecht man das auch nach hinten raus?«

*

Man roch es auch nach hinten heraus, wie wir schon am nächsten Tag, nachdem der Wind gedreht hatte, feststellten. Müller meinte dazu aber, das sei alles nicht so wild, denn in diese Richtung wehe der Wind nur selten. Allerdings fiel ihm dann dabei ein, dass er mal die Fallen abgehen müsse.

»Was für Fallen?«, fragte Claudia.

»Die Rattenfallen«, antwortete Müller ungerührt. »Stell ich immer drüben an der Grenze zu Meyer auf. Hab damit schon einige Biester gekriegt. Bloß in letzter Zeit nicht mehr. Die Viecher lernen dazu. Haben Sie vielleicht ein Bier für mich da?«

»Nein ... leider nicht. Wir trinken keins.«

»Macht nichts. Ich bring morgen mal einen Kasten mit. Ist ja noch einiges zu tun.«

Er verschwand im Keller. Claudia und ich sahen uns an.

»Sag mal, Moritz ...«, sagte sie dann langsam, »sollen wir wirklich noch alles auspacken? Wirklich alles?«

21

50 MEERSCHWEINCHEN

Nein, ich fand nicht, dass wir wirklich alles auspacken sollten, auch wenn wir nicht sofort wieder umziehen konnten. Aber langsam wurde es Zeit, im Rahmen unserer Möglichkeiten, etwas zu unternehmen.

Zunächst also machten wir uns schlau, wie das so mit den gaffenden Nachbarn ist. Doch leider – so war es zumindest damals, wie der heutige Stand ist, weiß ich nicht – musste man das weitgehend hinnehmen. Auf das Grundstück gerichtete Kameras oder das Fotografieren von Nachbarn, das ging nicht. Aber wenn des Nachbarn Blick, sogar mit Fernglas bewaffnet, herumschweift, und sozusagen zufällig auch auf dem eigenen Frühstückstisch landet … das schien dann wieder etwas ganz anderes zu sein. Nachbarn durften also gaffen, damals jedenfalls in einem scheinbar ziemlich weit gesteckten Rahmen. Und der liebe Benno behielt angeblich ja die *ganze Gegend* im Auge, nicht bloß uns, in seinem selbsterteilten Sicherheits- und Schutzauftrag. Trotzdem hätte man vielleicht eine Anzeige wegen Belästigung erstatten können. Aber wer ist schon scharf auf so was?

Obwohl, wenn man dem Internet Glauben schenken will, dann haben sich die Gerichte jedes Jahr mit einer halben Million Nachbarschaftsverfahren herumzuschlagen, deren Streitwert meist bloßen Bagatellcharakter hat. Viele der Beteiligten sind sicherlich auch kaum freiwillig dabei, vermute ich. Allerdings gelten zehn Prozent der deutschen Nachbarn als eher weniger verträglich (wer auch immer das hochgerechnet haben mag … und wie, um Himmels willen, errechnet man so was?). Doch bei knapp 38 Millionen deutscher Haushalte kann's einem da schon gruselig werden – wobei es ja nicht das Problem wäre, würden sich die weniger Verträglichen bloß miteinander beschäftigen. Macht aber vielleicht nicht so viel Spaß, wenn der Gegner genauso drauf ist wie man selbst, wer weiß. Da nimmt man vielleicht doch lieber jemanden, den man wunderbar zur Verzweiflung treiben kann.

Jedoch: Es bleiben trotzdem noch neunzig Prozent verträglicher, wenigstens neutraler Nachbarn, die froh sind, wenn sie ihre Ruhe haben und sich wegen Kleinkram nicht gleich ins Hemd machen. Das ist doch auch was, oder? Würden die sich mal alle zusammen-tun …

Und außerdem geht es immer noch einen Zacken schärfer – ich dachte ja naiverweise, dass Nachbarschaftskriege eine sozusagen deutsche Spezialität wären. Scheint mir nach allem, was ich gelesen habe, aber nicht so:

Wenn etwa auch amerikanische »Nachbarschaftsseiten« schier überlaufen (auch da mit den übelsten Unterstellungen und Denun-ziationen) oder in der schönen Schweiz ein Nachbar den anderen am Heiligabend über den Haufen schießt, oder in Australien ein Mann seiner Nachbarin mal mit der Gartenschere den Finger ab-schneidet, dann wirkt eine Auseinandersetzung wegen Laubblä-serei zwischen zwei Augsburger Hausmeistern (beide fast Ende siebzig) fast schon wieder harmlos, auch wenn die Folgen in einer blutenden Lippe und einer geschwollenen Hand bestehen.

Tja, vielleicht also ist die ganze Sache doch internationaler als gedacht, selbst wenn ich vermute, dass Deutschland im Ranking durchaus oben mitspielt.

*

Doch zurück zu Benno: Welche Aussichten auf Erfolg hätte also eine Anzeige überhaupt gehabt? Auf See und vor Gericht liegt man, wie wir gelernt hatten, in der Hand Gottes. Man mag sich noch so sicher sein.

Damals jedenfalls schien uns ein derartiges Vorhaben nicht be-sonders aussichtsreich. Und dazu kam noch etwas anderes. Clau-dia und ich waren nach den ersten Wochen schon sicher, dass wir hier nicht alt würden, egal, wie und wann wir das bewerkstelligen würden. (Den Kindern sagten wir erst mal nichts davon, damit sie nicht übermütig wurden.)

Also weitermachen.

Eine provisorische Maßnahme, die Benno dann sehr sauer machte, war das Anbringen von Spiegelfolie an den Fenstern. Ein elendes Gewürge, bis das Zeug pappte, aber schließlich hatten wir es wenigstens bei den Zimmern unserer Kinder und im Schlafzimmer angebracht. Am nächsten Tag traf ich Benno und Herrmann dann prompt draußen.

»Sagen Sie mal, was machen Sie denn da an Ihren Fenstern?«, fauchte Benno.

»Wir spiegeln unsere schöne Umwelt wieder«, sagte ich. »Und Sie wissen schon, es gibt ja immer Leute, die gern ins Haus gaffen.«

»Da pass ich doch schon drauf auf! Dass hier niemand belästigt wird! Da müssen Sie sich keine Sorgen machen!«

»Ja, haben wir gemerkt.«

Er starrte mich an.

»Ist das überhaupt erlaubt, was Sie da tun?«

»Warum nicht?«, fragte ich gut gelaunt zurück.

»Na, ob der Müller Ihnen da die Erlaubnis gegeben hat! Außerdem können Sie Autofahrer damit irritieren!«

»Erstens, Herr Schulze, ist das unsere Sache. Zweitens, Autofahrer irritieren? Am Ende der Sackgasse? Mal ganz abgesehen davon, dass das Haus ohnehin nicht gerade an der Straße steht?«

»Ja, mich zum Beispiel können Sie irritieren!«

(Was heißt können, ich sah, dass ich ihn bereits irritiert hatte. Er hasste mich, weil er jetzt nicht mehr in das Haus starren konnte, jedenfalls nicht in jedes Zimmer.)

»Und wie sollte das gehen?«

»Wenn da die Sonne auf Ihre Spiegelscheiben draufknallt und man geblendet wird!«

»Na, Sie wissen jetzt ja Bescheid. Überraschend geblendet werden Sie sicher nicht, Herr Schulze.«

»Das sagen Sie so einfach! Auf jeden Fall kann man nichts mehr sehen!«, empörte er sich.

»Warten Sie mal … ich glaube, Herr Schulze, das war sogar der Sinn der ganzen Aktion.«

Er dampfte noch etwas aus den Ohren, versprach, mit Müller zu reden, und zog dann ab. Und natürlich war Müller am nächsten Tag zur Stelle.

»Herr Petz, was haben Sie sich denn da einfallen lassen! Das macht doch die Fenster kaputt! Der Benno hat sich auch schon bei mir beschwert. Er kann überhaupt nicht mehr sehen, ob alles in Ordnung ist!«

»Das tut mir sehr leid für den Benno, Herr Müller. Nur haben wir nicht vor, hinter verschlossenen Vorhängen zu leben, weil der gute Benno so gern auch durch unsere Fenster starrt. Und die werden durch die Folie auch nicht beschädigt.«

Ich reichte ihm die Infobroschüre dazu. Er las und schüttelte den Kopf.

»Gefällt mir nicht«, murmelte er. »Wie sieht denn das aus?«

Ich zuckte die Achseln. »Na, wir haben nicht vor, das ganze Haus damit zu verkleistern. Aber da wir schon mal dabei sind, wann meinen Sie denn, mit Ihren Arbeiten fertig zu sein?«

»Na, da wäre noch das Dach, und dann im Keller …«

»Ich frage nur, weil wir irgendwann doch ganz gern hier allein wohnen würden, Herr Müller.«

»Ach, passt es Ihnen nicht, dass ich mich um das Haus kümmere?«

»Doch, das freut uns sogar. Aber jeden Tag? Wir wussten gar nicht, dass so viel daran zu machen ist.«

»Hören Sie mal zu, ich habe Sie hier in meinen eigenen vier Wänden aufgenommen …«

»Ich dachte, Sie haben uns ein Haus vermietet?«

Und so weiter. Es blieb nur mühsam einigermaßen sachlich, und Herr Müller schien zutiefst persönlich getroffen. Dass wir ihn als neues Familienmitglied so gar nicht schätzten! Er fühlte sich ganz missverstanden, was einem auch schon fast wieder leidtun konnte. Allerdings war uns nicht unbedingt klar gewesen, dass es hier scheinbar um eine Vermietung mit Familienanschluss gegangen war.

*

Am Abend sahen wir ihn dann neben Kampfhundschulze auf dem Flachdach hocken, offenbar in freundlichster Übereinstimmung. Und stellten am nächsten Tag fest, dass unsere Mülltonne durchwühlt worden war. Folglich schleppten wir die Mülltonne, die bisher direkt neben der Gartenpforte gestanden hatte, nun neben das Haus. Von da an stopften wir alle unsere Papiere, von gebrauchten Einkaufszetteln bis zu nicht mehr benötigten alten Unterlagen, erst einmal in den Aktenvernichter, bevor wir das Zeug wegwarfen.

Dann allerdings wurden wir selbst zu neugierigen Nachbarn. Ich geb's zu. Das war, sozusagen, eine Mischung aus Mitgefühl und der Faszination des Grauens. Denn irgendjemand, wir nicht, hatte das Gesundheitsamt über die Meyer'schen Zustände informiert. Dieses hatte den Sozialdienst geschickt, der sich mal zwanglos umschauen wollte. Zwar ist es so, dass man auf dem eigenen Grundstück so ziemlich tun und lassen kann, was man will. Das ändert sich aber schlagartig, wenn Seuchengefahr, etwa durch Müllmassen und Ratten, entsteht.

Nun zeigte sich Meyer allerdings nicht, als der Sozialdienst eintrudelte. Und auch das war einer der Gründe, wie wir später mitbekamen, weshalb das Gesundheitsamt informiert worden war: Meyer hatte sich schon lange nicht mehr irgendwo blicken lassen. Sehr lange.

Gut, der Sozialdienst kam also nicht weiter, folglich wurde die Polizei (zur hellen Begeisterung Bennos) alarmiert. Die Beamten versuchten dann, zusammen mit dem Dienst, das Haus zu begehen. Und ja – versuchten. Bloß war das Haus so mit Müll jeglicher Art zugekleistert, dass die Begehung zur Bergsteigertour ausartete. Stehen bleiben durfte man auch nicht, da man sonst am Boden an einer Mischung aus Exkrementen und allem nur erdenklichem anderen Zeug festklebte.

Claudia und ich kamen gerade nach Hause, als der Einsatz lief, und eine der beiden Frauen vom Sozialdienst stand mit grünem Gesicht an der Pforte – der Gestank aus dem jetzt offenen Haus war so schon infernalisch, und sie war sogar *drinnen* gewesen. Claudia tat die Mitarbeiterin so leid, dass sie ihr einen Tee anbot, den sie dankbar annahm.

»Ich muss mich einfach nur mal eine Viertelstunde setzen«, keuchte sie. »Irgendwo. In einer ganz normalen Küche oder so. Ich brauch eine Pause. Das wirft den stärksten Gaul um.«

In der Tat. Den anderen beteiligten Behördenmitarbeitern ging es auch nicht mehr sehr gut, wie deutlich zu sehen war. Dafür aber war immerhin Herr Meyer, sogar noch lebend, gefunden worden.

Allerdings angeknabbert von Ratten.

In unserer Küche fand die Sozialdienstlerin langsam wieder zu ihrer normalen Gesichtsfarbe zurück, und ich fragte sie, was jetzt weiter drüben geschehen würde.

Sie schüttelte den Kopf.

»Das ganze Haus, alles was drüben steht, muss entsorgt werden«, sagte sie. »Die Bude steht sowieso nur noch, weil sie durch die Müllberge drinnen nicht zusammenbrechen konnte. Die haben das Haus abgestützt.«

Eine Weile schwieg sie, anscheinend unter Schock, und starrte vor sich hin. Selbst für sie war das alles starker Tobak, dabei hätte sie nun wirklich schon einiges gesehen, wie sie immer wieder versicherte. Aber von Ratten angeknabbertes Klientel war auch mal was Neues.

»Und was«, grübelte sie vor sich hin, »sollen wir jetzt bloß mit den Meerschweinchen machen?«

»Was für Meerschweinchen?«, fragte Claudia. Unklugerweise, denn die Beamtin war so von den Socken, dass sie eine kurze Beschreibung von Herrn Meyers Meerschweinchenzimmer gab. Dieses Zimmer war seit ewiger Zeit nicht mehr geöffnet worden, dafür hatte er lediglich noch Streu und Futter durch ein offenes Türfenster hineingekippt. Inzwischen stand das ganze Zeug in mehreren Schichten hüfthoch – und in diesen Schichten befanden sich natürlich auch jede Menge verendeter Tiere, die fröhlich vor sich hin verwesten. Zugleich hatten sich die Meerschweinchen aber auch massenhaft vermehrt, sodass man jetzt vor der Aufgabe stand, gut fünfzig, sechzig Meerschweinchen versorgen und unterbringen zu müssen.

»Die nimmt uns doch kein Tierheim ab«, seufzte sie. »Und in was für einem Zustand die sind! Ich habe wirklich keine Ahnung, wo wir die lassen sollen. Wir haben schon eine Reptilienfarm antelefoniert, aber die brauchen auch nur ein Meerschweinchen im Monat zum Verfüttern. Wir können doch nicht mit den Meerschweinen Autobahn fahren und alle hundert Meter eines aus dem Fenster schmeißen! Sie können wohl auch keine Meerschweinchen gebrauchen?«

Simone, mit bekannt weichem und tierliebem Herzen, wollte schon eine verbindliche Zusage machen, sich lebenslang um diese Herde zu kümmern, aber wir unterbanden das. Nachdem wir die Sozialdienstlerin wieder einigermaßen aufgepäppelt hatten, entließen wir sie wieder gestärkt in das Meyer'sche Chaos.

*

Tatsächlich konnte drüben überhaupt nichts mehr gerettet werden, sogar das gesamte Haus musste abgerissen werden. Zuvor allerdings waren noch diverse Entsorgungs- und Entseuchungstrupps da. Sehr zu Bennos Faszination, für den wir in der Zwischenzeit geradezu uninteressant wurden, was uns auch wieder erleichterte. So fiel ihm scheinbar wochenlang nicht auf, dass wir einen billig erstandenen Sichtschutz auf der Hinterseite unseres Grundstücks, in ordentlichem Abstand zur Grundstücksgrenze, aufgestellt hatten.

Dachten wir.

Bis wir bemerkten, dass der Sichtschutz von unsichtbarer Hand durchlöchert worden war wie ein Sieb.

22

KEIN RAUCH OHNE FEUER ...

Wie wär's wenn wir uns *zwei* Kampfhunde zulegen?«, fragte Claudia wütend, nachdem wir den Schaden entdeckt hatten. Aber das war natürlich nur eine rhetorische Frage. Stattdessen legten wir uns zwei Rasensprenger zu. Einen sinnvollen, und einen, der scheinbar nutzlos an unserer Grundstücksgrenze mit dahinter liegendem Spazierweg deponiert war, den praktisch ohnehin nur Kampfhundschulze benutzte. Sehr effektiv allerdings war das nicht, denn im Gegensatz zu Schulze lagen wir nicht auf der Lauer, um unsere Nachbarn abzupassen und zu bespitzeln. Wir konnten da nur zufällig aktiv werden, doch trotzdem erwischten wir ihn zwei Mal und drückten daraufhin, als er triefend nass vor unserer Haustür stand und sich beschwerte, wortreich unser Bedauern aus.

»Erst dieser sinnlose Sichtschutz! Das haben Sie doch gar nicht nötig, oder etwa doch? Und dann dieser Rasensprenger! Sie besprühen ja alle Leute auf dem Weg, wozu soll der überhaupt gut sein? Der steht da doch ganz sinnlos in der Landschaft und besprengt gar nichts! Aber Herrmann und mich haben Sie damit erwischt, ich schick Ihnen die Rechnung der Reinigung!«

Wir wiesen darauf hin, dass der Rasensprenger naturgemäß lediglich Wasser versprühte, und entschuldigten uns ansonsten mit einem gartentechnischen Planungsfehler, den wir umgehend beheben würden. (Was wir selbstverständlich unterließen.)

»Aber überhaupt«, klagte Benno, »früher konnte man noch alles einsehen, das war noch echte Nachbarschaft! Aber Sie mit Ihren Folien und dem ganzen Trara, wissen Sie nicht, dass Sie damit hier das Klima vergiften? Das ist doch kein Zusammenhalt mehr hier in der Straße. Das sollten Sie sich mal überlegen!«

Woraufhin er grollend wieder abzog und seinen üblichen Platz auf dem Sonnendach einnahm.

Wir überlegten zwar angestrengt, konnten uns aber weiterhin nicht an den Zusammenhalt erinnern, der früher so viel besser gewesen war und den Schulze gern zurückgehabt hätte. Womit wir nicht allein waren.

Vorsichtige Umfragen bei den Nachbarn die Straße weiter rauf ergaben, dass die offensichtlich auch etwas andere Vorstellungen von »Zusammenhalt« hatten als Kampfhundschulze. Allerdings hatten sie resigniert und lebten notgedrungen mit der Beobachtung und den unangenehmem Nachfragen. Die Dreistigkeit und Unverfrorenheit mancher Nachbarn und ihre ungefragte Einmischung spotten zuweilen tatsächlich jeder Beschreibung. Die Aufforderung, sich um seinen eigenen Kram zu kümmern, ließ Schulze einfach von sich abtropfen.

Allerdings hatte unser Vermieter, der sich weiterhin bei Schulze herumdrückte – und so oft wie möglich unter allen erdenklichen fadenscheinigen Vorwänden aber auch bei uns – ,eines Tages dann die frohe Botschaft für uns, dass er das Meyer'sche Grundstück gekauft habe. Er würde auf seine alten Tage noch mal bauen, hurra! Ein kleines Haus, aber oho! Noch diesen Sommer würde es losgehen, und er würde demnächst schon mal damit anfangen, die hohen Hecken wegzunehmen, die zwischen seinem alten und neuen Grundstück lagen und einem so unschön die freie Sicht nähmen. Sozusagen die Grundstücke zusammenlegen, da könnten sich die Kinder, die ihm plötzlich wichtig waren, viel besser austoben. – Im Alter, um sich »auszutoben«, waren sie zwar nicht mehr, aber darüber sah er großzügig hinweg, ebenso darüber, dass wir mit der Wegnahme der Hecken keineswegs einverstanden waren. Allerdings lagen sie, bedauerlicherweise, auf dem ehemals Meyer'schen Grund. – Und so könne man doch bald von der einen Terrasse zur anderen hinüberwinken! Und auf gute Nachbarschaft, haha! Als persönlichen Vorgeschmack richtete er sich dann schon mal drüben mit Dixiklo und Bauwagen ein.

*

Auseinandersetzungen mit Nachbarn und Vermietern, ganz gleich ob bösartig oder dummdreist oder eine Mixtur daraus wie in diesem Fall, stehen auf der Stressskala weit oben. Man kann da im Laufe der Zeit, je länger sie andauern, durchaus die nettesten Krankheiten entwickeln, von Schlafstörungen bis zum Herzinfarkt.

Übel auch, dass man nicht einmal etwas getan haben muss, um in solche Auseinandersetzungen zu geraten. Bei denjenigen, denen man davon erzählt, stößt dieser Punkt öfter mal auf Unglauben. Irgendwie scheinen die Leute, sofern ihnen dergleichen nie passiert ist, zu glauben, man müsste solchen Stress provoziert haben. Von nichts kommt nichts, oder? Kein Rauch ohne Feuer!

In Wirklichkeit genügt es aber manchen Nachbarn, dass man einfach existiert. Umso mehr, wenn es einem gut geht und man anscheinend ein fröhliches Leben führt. Für manche Nachbarn ist das schier nicht auszuhalten: Die müssen doch kleinzukriegen sein! Warum geht es denen gut, und mir nicht? Wieso leben die nicht so, wie ich das für richtig halte? Weshalb halten die sich nicht an die Regeln, die ich als verbindlich für alle erkannt habe?

Wenn man mit solchen Menschen zu tun hat, die sich oftmals durch eine beeindruckende Kleingeistigkeit, Selbstgerechtigkeit und Intoleranz auszeichnen – Lieblingsspruch: »Ich will nur mein gutes Recht!« –, sollte man sich wirklich überlegen, ob man sich auf dieses Level begeben will (oder wirklich muss) und den Kampf aufnehmen will. Gerade auch, wenn man Kinder hat und zudem die Aussicht, dass es da eigentlich gar nichts zu gewinnen gibt, wenigstens nicht auf Dauer.

Wir alle brauchen Ruhe und Rückzugsmöglichkeiten. Werden uns die verweigert und sind wir für Leute, mit denen wir nicht das Geringste am Hut haben, für die wir vielmehr einen Hass archaischen Ausmaßes entwickelt haben, jederzeit erreichbar, sind die Folgen alles andere als spaßig. Dass Simone – Claudia allerdings auch – sich ständig von Schulze begafft fühlte, ging gar nicht. Sie fühlten sich sogar dann beobachtet, wenn Schulze gar nicht da war (was allerdings höchst selten vorkam). Man verliert halt irgendwann jeden Abstand und Realitätssinn, was auch kein Wunder ist. Wie soll man bei solchen Nachbarn nicht paranoid werden?

*

Auch der Garten war schließlich nicht mehr unser Garten, falls er das je gewesen sein sollte. Unmöglich, sich zum Beispiel mal zu sonnen oder sonst wie ungestört zu bleiben – inzwischen auch akustisch, dank des Müller'schen Kofferradios, das drüben von morgens bis abends plärrte, während Müller für freie Sicht auf unser Grundstück sorgte, indem er die Hecken beseitigte. Darauf hätten wir nun wieder damit reagieren können, selbst für Sichtschutz zu sorgen. Und vielleicht hätte ein gut gesetzter Schuss mit der Zwille unseres Sohnes dem Müller'schen Radio, das er trotz mehrfacher Aufforderung nicht einmal leiser stellen wollte, den Garaus machen können.

Aber es stellt sich die übliche Frage: Soll man solchen Schwachsinn mitmachen?

Denn natürlich ging es an diesem Punkt schon längst nicht mehr darum, irgendeinen Konsens zum gemeinschaftlichen Leben zu finden. Müller wollte uns tatsächlich weghaben, genauso wie Schulze. Der eine, weil seine Mieter nicht so willfährig waren wie gewünscht und sich überdies weigerten, ihn vor lauter Dankbarkeit anzubeten, weil er ihnen ein Obdach zur Verfügung gestellt hatte. Oder ihn wenigstens zum Familienoberhaupt zu machen. Der andere, weil die Petzfamilie komische Ansichten über Privatsphäre hatte und sich auch sonst keineswegs an das Regelwerk halten wollte, das er sich im Laufe der Jahre im Rahmen seines eher beschränkten Horizonts so erdacht hatte. Annehmbar war da höchstens die Simone Petz, dieses »junge, gut gebaute Ding«, was lediglich ein Beispiel von einer Vielzahl schleimiger Komplimente war, über die sich Simone schier erbrochen und derentwegen ich mich fast vergessen hätte, Kampfhund hin oder her. (Auch Jan fing bei dieser Gelegenheit derart an zu brodeln, dass er nur mühsam zu beruhigen war – wer seiner Schwester zu nahe tritt, muss leiden!)

Nein, die Dinge eskalierten, gegrüßt wurde eh nicht mehr, gesprochen nur das Notwendigste, im Hintergrund drohte auf beiden Seiten eine Armada von Anwälten, die sich kommender Einnahmen wegen schon die Hände rieben. Und Claudia und ich waren inzwischen willens, uns notfalls bis an unser Lebensende über beide Ohren zu verschulden, wenn wir hier nur wegkämen. Schon im Interesse unserer Kinder. Und das so schnell wie möglich.

Wir waren also kurzzeitig gewillt, fast alles in Kauf zu nehmen und zudem noch jedwede artistische Schönrechnerei zu betreiben, so sehr nahm der wirkliche wie eingebildete Druck zu. Die Dauer trägt die Last, wie meine weise Großmutter zu sagen pflegte. Gerade rechtzeitig fiel uns jedoch ein, dass verzweifelter Aktionismus die sicherste Methode ist, um vom Regen in die Traufe zu kommen. Also mussten wir uns zur Ruhe zwingen, derweil Müller und Schulze an unseren Nerven sägten. Müller dann auch noch mit einer exorbitanten Fantasierechnung über seine diversen Tätigkeiten im Haus, die wir keineswegs in Auftrag gegeben hatten. Eine Rechnung, die Stuttgart 21, der Elbphilharmonie in Hamburg oder dem Berliner Großflughafen alle Ehre gemacht hätte.

*

Ist der Entschluss, unter solchen Umständen das Hasenpanier zu ergreifen, eine Niederlage? Wahrscheinlich betrachten Nachbarn dieser Sorte es als solche, oder vielmehr als eigenen Sieg, denn schließlich haben sie einen dann ja erfolgreich vergrault. Aber wenn man es mal realistisch betrachtet, lässt man solche Gestalten eigentlich doch eher in ihrem eigenen Elend zurück. Sogar dann, wenn sie es gar nicht als Elend wahrnehmen. Ist es aber doch. Eben alles eine Frage des Horizonts.

23

WUNDER GIBT ES
IMMER WIEDER

Nun ja, wenn es schnell gehen soll, geht meist gar nichts schnell. Oder nur selten. Was unsere neuerliche Suche betraf, zog sich das jedenfalls hin, während sich unsere Müller-Schulze-Situation nicht gerade entspannte. Wir klapperten also Wohnungen ab, Reihenhäuser, kleine Häuser, immer auf Achse und immer geschniegelt, gebügelt und überaus positiv und freundlich daherkommend. Sozusagen eine Bilderbuchfamilie, die verlässlich zahlt, sich nie beklagt, alles wunderbar in Schuss hält, bestimmt nicht schmutzt und so leise ist, dass ihre Anwesenheit gar nicht auffällt. Kurz, Traummieter eben!

Ein paar Mal waren wir auch schon drauf und dran, etwas zu ergattern. Leider aber gab's dann doch immer irgendetwas, was dazwischenkam. Vermieter, die plötzlich doch lieber an Freunde vermieten wollten, Konkurrenten, die das Doppelte zahlen konnten, Mitbewerber ohne Kinder und Haustiere. Ein Elend, vor allem, bei all dem freundlich und stets positiv zugewandt zu bleiben. Schauspielerei kostet eh schon Nerven – mal ganz abgesehen davon, dass wir tatsächlich ganz gute Mieter sind –, aber dieses Programm vor dem Hintergrund unseres täglichen Nervenkrieges durchzuziehen, bedeutete schon eine besondere Herausforderung.

Und bitte – diese Bewerbungsgespräche? Das eisige Misstrauen von Vermietern zu durchbrechen, die einen prinzipiell schon mal als Mietnomadenfamilie einordneten, war Schwerstarbeit.

Manche taten so, als wolle man sie heiraten, und verlangten Einblicke in intimste Details, die sie, Vermieter hin oder her, ganz sicher nichts angingen. Aber wer am längeren Hebel sitzt …

Simone jedenfalls bot ihren ganzen Mädchencharme auf und erinnerte sich erfolgreich alter Tage, als sie mit purer Niedlichkeit noch Gartenpreise abräumen konnte. Jan, gebügelt und gescheitelt, gab den sozial kompetenten jungen Mann mit konservativer Grundeinstellung und vielversprechender Zukunft, Claudia umgarnte mögliche Vermieter mit unerschütterlicher Freundlichkeit geschickt wie ein Spinnlein und der Petz Moritz war so seriös, engagiert und interessiert wie noch nie vorher oder nachher in seinem Leben. Auf diese Weise versuchten wir nicht nur den best-möglichen, sondern überhaupt einen Eindruck zu hinterlassen. Nicht ganz einfach in einer Schlacht gegen hundert Mitbewerber. Zu behaupten, das wäre nur ein etwas stressiger Lebensabschnitt gewesen, wäre eine geradezu unverschämte Untertreibung.

*

Trotzdem dauerte und dauerte die Sache. Es schien wirklich so, als wären wir dazu verdammt, noch jahrelang unter dem Müller-Schulze'schen-Terror zu leben oder als Alternative unter der Brücke zu landen. Irgendwann waren wir einfach erschöpft und ziemlich resigniert. Fast hätten wir dann auch die Anzeige über-sehen, in der ein kleines Haus mit Garten angeboten wurde. Von der Lage her nicht ideal, aber machbar. Finanziell mal wieder im äußersten Rahmen. Und die Besichtigung in einer Stunde.

Ziemlich blöd, so holterdiepolter. Zunächst mussten die Kinder herbeizitiert werden, denn beide waren natürlich unterwegs, wie in letzter Zeit fast immer. Sie drückten sich sooft sie konnten bei Freunden herum, um ja nicht zu Hause sein zu müssen. Auch ver-ständlich, irgendwie.

Claudia, gerade mitten im Hausputz, stürzte sich unter die Du-sche, und der Petz musste sich auch erst mal wieder als Mensch verkleiden. Trotzdem schlugen wir gerade noch pünktlich um vierzehn Uhr zur Massenbesichtigung auf, wenn auch nicht in ganz so geschniegeltem und einwandfreiem Zustand wie sonst. Das war uns allerdings, siehe oben, auch schon beinahe wieder egal. Gefühlt war es die zweihundertste Besichtigung, zu der wir übrigens ein ganzes Stück zu Fuß zu laufen hatten, da die Straße schon von den diversen Hochglanzkarossen unserer Mitbewerber zugeparkt war. Vor dem, wie es aussah, ganz hübschen Haus hatte sich unter den Blicken der neugierigen Nachbarschaft bereits ein mittleres Demonstrationsaufgebot für »Wohnraum in ruhiger

Lage« versammelt und wartete unruhig ab. Währenddessen versuchte man, sich gegenseitig unauffällig zu taxieren und einzuschätzen, wie ernsthaft die Konkurrenz war. Wobei gilt: Je mehr böse Blicke man einfängt, desto besser, denn es zeigt, dass die eigenen Aktien in der Sache vielleicht doch nicht so schlecht sind. Schon eine komische Umkehrung dessen, was man sonst so mag. Viele böse Blicke fingen wir allerdings nicht ein. Eher mitleidige, was einiges aussagt. Wir waren aber bereits zu resigniert, um uns noch darüber aufzuregen, dass man uns nicht hasste.

Kurz nach zwei öffnete dann die potenzielle Vermieterin die Haustür – von Kopf bis Fuß in Schwarz, was mich an einen Trauerfall denken ließ – und stellte fest, diesem Andrang nicht gewachsen zu sein. Also teilte sie die potenzielle Mieterschar in drei Gruppen ein. Petzens mussten leider erst mal draußen bleiben und abwarten, bis die andere Hälfte der Mietermasse durch das Haus geschlurft war, sich umgesehen und den Bewerbungsbogen ausgefüllt hatte. Jan wurde inzwischen ausgeschickt, sich unauffällig ein wenig auf dem Grundstück umzusehen. Als er zurückkam, stellte er dann in typisch jugendlicher Beredsamkeit fest, dass Haus und Garten »ganz okay« seien. Aha. Das sagte uns alles.

Als wir dann endlich an die Reihe kamen, stellten wir Bedrohliches fest: ausreichende Zimmer für uns und die Kinder, dazu ein Arbeitszimmer für mich, ein schönes Wohnzimmer und eine praktikable Küche. Alles ein bisschen verwohnt, aber hübsch geschnitten, unproblematisch und ziemlich ideal. Ähm … nein, eigentlich nicht. Sondern eigentlich: perfekt. Und da lag natürlich der Hase im Pfeffer. Mit so etwas hatten wir, wie gesagt, schon etwas resigniert, nicht gerechnet. Und da wird dann nicht bloß die Gier geweckt, sondern es ereilt einen schon im Voraus eine ganz eigene Verzweiflung. *Das* wäre es doch! Genau dieses Häuslein! Aber die eigenen Chancen sind leider doch eher mau, man hat ja inzwischen seine Erfahrungen gemacht und außerdem die Mitbewerber in ihren Maßanzügen und Kostümchen bewundern dürfen, die in Vermieteraugen bestimmt viel besser hierher passen würden. Wenn dagegen die einfach bloß menschenfreundliche Familie Petz angeschlurft kommt ...

Aber nun gut. Geben wir alles, tun wir so, als wären wir die einzig möglichen Mieter. Stürzen wir uns auf die inzwischen bereits umlagerte und schon arg abgekämpfte Vermieterin – der Petz, der mit gewichtigem Gesicht den Bewerbungsbogen ausfüllt und dabei ein wenig übertreibt – im Rahmen, natürlich –, und Claudia, die all ihren noch verblieben Optimismus und Charme aufbietet, plus niedlich guckender Simone und ernsthaftem, aber sehr freundlichem Jan.

*

»Aha«, sagte Vermieterin Dobler kühl, »Sie sind schon länger auf der Suche. Sicherlich schwierig. Aber für Vermieter auch, das können Sie mir glauben.«

»Aber sofort«, erwiderte Claudia einfühlsam. »Ich stell's mir wirklich nicht einfach vor, unter so vielen Bewerbern die Richtigen herauszufinden.«

»Eben. Und ich bin ja nur ein paar Tage hier. Eigentlich wohne ich in Berlin.«

In Berlin? So weit weg? Das wurde ja immer perfekter!

»Ach, Berlin ist ja auch schön«, sagte Claudia, die nie da gewesen war.

»Ja. Ich hatte auch daran gedacht, einen Makler zu nehmen, aber irgendwie fand ich, ich sollte mir die Bewerber lieber persönlich anschauen.«

»Verstehe ich gut. Ich wüsste auch lieber selber, mit wem ich es zu tun habe. Irgendwie entscheidet ja doch der persönliche Eindruck.«

»Na, nicht nur. Und bei so einem Andrang kann man sich sowieso unmöglich jeden merken.«

»Nun, wir sind jedenfalls sehr interessiert. Mein Mann ist ja Schriftsteller, und für ihn wäre es hier, glaube ich, wirklich ideal.«

»Schriftsteller? Verdient man denn damit genug?«

»Na ja, ganz so wie bei J. K. Rowling ist es nicht, aber …«

»Gehen eigentlich auch Katzen?«, platzte Simone dazwischen.

»Kann man hier welche halten?«

Sie vermisste den exilierten Mikel wie wir alle.

»Wie viele haben Sie denn?«, fragte Frau Dobler zurück.

»Nur eine. Einen sehr schönen Main Coon«, erwiderte Simone lieblich, und fügte noch hinzu, was Mikel für ein toller Kater sei, während sie Claudias vernichtenden Blick ignorierte.

»Aha. Kenne ich nicht. Aber Haustierhaltung ist eigentlich nicht das Problem. Die Vormieter hier hatten lange Zeit einen Hund …«

Und so weiter.

Irgendwie versuchten wir, mehr oder weniger geschickt, einen Erinnerungsabdruck bei Frau Dobler zu hinterlassen, ohne dabei allzu verzweifelt zu wirken. Obwohl wir sie gerne geschüttelt, angefleht oder sonst irgendwie zur Vermietung gezwungen hätten. Bloß schien die Dobler zu den wenigen Menschen zu gehören, die bei den Charmeattacken Claudias und unserer Kinder nicht auftauen. Ausgerechnet. Niedergeschlagen, doch nach außen unverdrossen fröhlich und zuversichtlich, legten wir unseren Bewerbungsbogen auf den gewaltigen Stapel zu den anderen und verabschiedeten uns schließlich. Frau Dobler versprach dann noch, sich zu melden, wie es alle Vermieter tun, ohne sich daran zu halten.

*

»Ich hab alles versucht, aber irgendwie konnte ich nicht wirklich bei ihr andocken«, seufzte Claudia am Abend unglücklich bei einer Flasche Wein, hinter verschlossenen Fenstern (Kofferradio) und zugezogenen Vorhängen (Fernglas).

»Dabei war das Kuriose, dass ich Frau Dobler wirklich ganz sympathisch fand, obwohl sie irgendwie leicht unterkühlt daherkommt. Wäre ich aber wahrscheinlich auch an ihrer Stelle.«

»Wirklich ein Jammer. Das Haus wäre genau richtig…«, stimmte ich in Claudias Seufzer ein. Die nickte betrübt und machte gedankenverloren die zweite Flasche Wein auf. Ein schlechtes Zeichen, denn Claudia trinkt nur selten etwas. Sie war eindeutig angeschlagen, nicht weniger als ich. Also machten wir an diesem Abend einmal eine Ausnahme und gönnten uns einen zünftigen Rausch. Die Welt war böse und doof, und wir hatten beide, wieder einmal, das Gefühl, als hätte man uns wie den Eseln eine Möhre an einer Angel vor die Nase gehalten. Da rennt man wie verrückt hinterher und kriegt sie trotzdem nicht. Kurz nach zehn, wir waren schon erheblich angeheitert und fest im Griff des Witzes der Verzweiflung, klingelte dann das Telefon.

»Städtische Kinder- und Katzenversorgungsanstalt«, kicherte Claudia albern ins Telefon.

»Guten Abend«, meldete sich eine unbeirrbar kühle Stimme am anderen Ende, »entschuldigen Sie bitte die späte Störung. Dobler hier. Haben Sie immer noch Interesse?«

GESPENSTISCHES

Erfreulicherweise ging von jetzt an, nachdem wir schon geglaubt hatten, nie wieder aus dieser Stockung herauszukommen, alles hoppla-hopp. Da unsere neue Vermieterin nach Berlin zurück musste, unterschrieben wir schon am nächsten Tag den Mietvertrag – mit ziemlichen Brummschädeln, weil wir nach Marianne Doblers Anruf spontan auch noch eine Flasche Sekt geköpft hatten. Das musste einfach sein:

In diesem Moment nämlich ließen wir zum ersten Mal wirklich die Gefühle zu, mit denen wir die ganze Zeit über zu kämpfen gehabt hatten. Die waren alles andere als lustig gewesen, und Claudia wie auch ich hatten eine Menge Energie dafür aufwenden müssen, sie im Zaum zu halten und uns nichts anmerken zu lassen, schon allein wegen Jan und Simone. Zumindest so wenig wie möglich. Das alles jetzt mal loszuwerden war eine echte Befreiung, auch wenn wir dann doch von der Idee Abstand nahmen, Frau Dobler einen hauseigenen Dankesaltar zu errichten.

Die blieb übrigens weiter ein wenig unterkühlt, selbst wenn sie sofort zum Du überging. Auf die vorsichtige Frage (nachdem wir den Vertrag unterschrieben hatten), weshalb sie eigentlich uns ausgesucht hatte – ganz sicher hatte es da zahlungskräftigere Mitbewerber gegeben –, spielte bloß ein schwaches Lächeln um ihre Lippen, und sie sagte: »Ach, na ja.«

Aha. Das erklärte natürlich alles. Aber so ist es wohl. Man bekommt halt selten wirklich Erklärungen dafür, weshalb man ausgerechnet diesmal für diesen Job oder jenes Mietverhältnis ausgesucht worden ist, oder auch nicht. Aber genug damit, dass es diesmal eben gepasst hatte und unsere neue Vermieterin etwas durchaus Sphinxartiges hatte. Im Übrigen aber klappte alles Weitere wie am Schnürchen, und auch bei kleinen Problemen mit dem Haus, echte gab es da nicht, genügte ein kurzer Anruf bei Marianne, die auch von Berlin aus mal eben alles regelte, und das meist noch in Rekordzeit. Eine Vermieterin, muss man einfach zugeben, wie aus dem Bilderbuch, und geradezu ein menschenfreundlicher

Gegenentwurf zu Müller, der sich inzwischen, sicher auf Schulzes Anraten hin, auch ein Fernglas zugelegt hatte. Das war uns nun allerdings herzlich gleichgültig. Stattdessen trommelten wir unsere Truppen zusammen, um ebenfalls in Rekordzeit umzuziehen. Und jetzt stellte sich als ganz praktisch heraus, dass wir wirklich nicht alles ausgepackt hatten.

*

Manche Umzüge sind wie Triumphzüge. Fernglasschulze mochte es sich auf seinem Beobachtungsposten gemütlich gemacht haben, Herrmann geifernd hinter dem Zaun schier ausflippen und Müller, an sein geliebtes Dixiklo gelehnt, dummdreiste Kommentare abgeben – es war wurscht. Was für ein Gefühl, diese Gewissheit, Gestalten wie die beiden nie wiederzusehen und sich aus dem nachbarschaftlichen Terror herausgewunden zu haben! Eine echte Erleichterung, diese beiden Figuren zurücklassen zu dürfen. Wir waren derart gut gelaunt, dass uns schier nichts erschüttern konnte. Weder, dass die Hälfte unserer tapferen Umzugsmannschaft krank daniederlag oder in Urlaub war (in diesem Falle stimmte das sogar), noch der übliche Schwund beim Umzug, wenn hier mal ein Marmortischlein oder da mal ein Spiegel zu Bruch ging.

Müllers lautstarke Ankündigung, wir würden uns vor Gericht wiedersehen, da wir das Haus »verwohnt« hätten und uns überdies immer noch weigerten, seine ebenso albernen wie gigantischen Reparaturrechnungen zu bezahlen, konnte uns die Stimmung genauso wenig verderben wie der strömende Regen, der dann irgendwann einsetzte, die Reifenpanne unseres Umzugswagens oder das plötzlich ausgefallene Catering, das eine Freundin von uns hatte übernehmen wollen, die im letzten Moment verhindert war. Alles egal.

Im Gegenteil, Claudia strahlte wie ein Sonnenscheinchen, während sie improvisierte und in dem versammelten Chaos aus dem

Stand Notlösungen für alles Mögliche fand. Ich wuchtete inzwischen mit Leo (!), der diesmal keine wichtigen Patienten vorgetäuscht hatte (oder sich das nicht getraut hatte), Waschmaschinen und anderes wirklich nur ganz leichtes Zeug, derweil Alex (!), der erstaunlicherweise an diesem Tag keinen unumgänglich wichtigen Kongress in Aserbaidschan oder sonst wo hatte, sich um den Wagen kümmerte. Claudia zauberte dann aus dem puren Nichts ein Catering hin und Jan zitierte auf die Schnelle noch eine vor Testosteron strotzende Freundestruppe herbei, die größten Ehrgeiz an den Tag legte, die eigenen enormen Kräfte zu beweisen, und sich gegenseitig aufputschte. Was wir dann auch pflichtschuldigst bewunderten. So lobe ich mir das.

*

Müller und Schulze sah ich danach noch genau zwei Mal wieder. Einmal bei der Hausübergabe, zu der ich selbst ein halbes Dutzend Freunde, teils mit Kameras, als Zeugen mitbrachte. Ein Auftritt, der meinem Ex-Vermieter (Schulze im Schlepptau) sichtlich missfiel. Und das letzte Mal, wie versprochen, vor Gericht, wo ich einem Kursus beiwohnen konnte, wie man einen Richter wirklich sauer macht, denn Müller legte sich keinerlei Zurückhaltung auf.

»Ich will nur mein gutes Recht!«, brüllte er. »Die sollen meine ehrliche Arbeit zahlen! Und außerdem haben die mein Haus verwohnt!«

Dass wir keineswegs irgendetwas »verwohnt« hatten, war unschwer zu belegen, zumal bei der objektiven Kürze unseres Höllentrips in der Müller'schen Herberge, selbst wenn es uns vorgekommen war, als hätten wir dort Jahrzehnte verbracht. Und außerdem sind wir keine Messies, die hatten nebenan gewohnt. Das also war schon mal nichts. Und auch die Rechnungen, die Müller präsentierte, wurden von unserem Anwalt sprichwörtlich in der Luft zerrissen, schließlich hatten wir keinerlei Aufträge dazu erteilt.

Kurz: Müller wurde verdonnert, nun aber zackig die »vorsichts-halber einbehaltene« Kaution herauszurücken, und durfte über-dies noch eine Buße für seinen cholerischen Auftritt zahlen wegen Missachtung des Gerichts.

Es fehlte nicht viel, und er hätte noch ein paar Tage zum Ab-kühlen im Knast verbringen dürfen. Das Angebot durch den Rich-ter lag dazu unterschriftsreif vor.

Doch selbst Schulze hatte die Gelegenheit, ein paar Euronen bei Gericht zu lassen, dem er in seiner ganz eigenen Logik bun-desrepublikanische Laschheit vorwarf, nachdem er zunächst noch die überaus intelligente Frage in den Raum gestellt hatte, ob der Richter vielleicht mit uns befreundet oder verwandt sei.

Was Claudia und mich anging, mussten wir eigentlich nichts tun, als dazusitzen, freundlich zu lächeln und den Dingen ihren Lauf zu lassen. Unser Beitrag zu der ganzen Sache belief sich auf maximal fünf Sätze, den Rest erledigten Müller und Schulze. An dieser Stelle noch mal herzlichen Dank dafür.

*

Was bei all dem Hin und Her eher unterging, war die Frage nach unseren neuen Nachbarn. Auf Grund der etwas skurrilen Lage und Form des Grundstücks hatten wir nämlich gleich fünf davon, deren Grundstücke allesamt an unseres grenzten. Auch die traditionelle Vorstellungsrunde ließen wir zunächst sein, wir waren einfach zu beschäftigt, in unserer neuen Bleibe für ein wenig Struktur zu sor-gen. Doch zumindest, was eine Nachbarsfamilie anging, war das auch nicht nötig. Am zweiten Tag klingelte es nämlich bei uns an der Tür, und als Claudia öffnete, stand ein Pärchen davor. Der Mann, in knallbuntem Hawaiihemd, ergriff das Wort und sprach dann wie folgt:

»Hallö, ich bin dör Rönny und das ist meine Frau, die Ywönne! Wir wöllten Sie herzlich als Nachbörn bei öns begrüßen!«

Der Effekt war, dass Claudia durch den stahlharten sächsischen Dialekt fast zur Hintertür wieder hinausgeweht wurde. Sie fasste sich aber, begrüßte herzlich zurück und zitierte mich dann noch herbei, zum Mitgenießen.

Dialekte sind ja immer so eine Sache. Deutschlandweit sind Bairisch und Hamburgisch offenbar am beliebtesten, Sächsisch, Kölsch und Berlinerisch schneiden dagegen eher mau ab. Neu im Rennen ist in dieser Beziehung auch das Schwäbische, das inzwischen ebenfalls ganz gern gehasst wird. Auf jeden Fall aber ist es erst einmal eine Gewöhnungssache, und wenn man so brutal mundartmäßig überrumpelt wird, muss man sich erst einmal fassen, egal, welcher Dialekt einem gerade serviert wird.

Claudia und ich bekleckerten uns in diesem Fall aber auch sonst nicht gerade mit Ruhm. Dör Rönny und die Yvönne hatten nämlich mitgedacht und luden uns samt Kindern für den Abend zum Essen ein, da wir wahrscheinlich im Umzugsstress nicht gerade einen Kopf fürs Essenmachen hatten. Was auch stimmte. Wir sagten zwar zu, sahen uns danach aber beklommen an.

»Das sind doch hoffentlich nicht neue Grieshabers«, sprach Claudia dann aus, was wir alle befürchteten. Nachbarn, die gleich zu Beginn freundlich auftreten, hilfreich erscheinen und auch noch mitdenken? Hm. Fast schon wieder verdächtig.

Man sieht, die miserablen Erfahrungen, die man mit manchen Nachbarn macht, gehen eben nicht spurlos an einem vorüber. Man wird misstrauisch, und das gehört ohne Frage zu den unerfreulichsten Nebenwirkungen, die solche Dinge mit sich bringen. Das soziale Miteinander wird einem gründlich vermiest. Wir merken uns, als normaler Effekt, eben vor allem das Negative, um dem in Zukunft irgendwie ausweichen zu können – weshalb ich mir dann mit Gewalt etwa Familie Hellbaum in Erinnerung rief, die zwar einerseits dem Ententanz zugeneigt war, andererseits aber durchaus als persönliche Schutzengel fungieren konnten. Der Abend bei Ronny und Yvonne sollte dann auch überaus aufschlussreich werden. Besonders für mich, denn ich lernte hier eine ganz neue Art des Miteinanders im Wohnbereich kennen – etwas, was mir bisher im Traum nicht eingefallen war.

*

Hungrig wie die Wölfe und ziemlich erledigt von den Mühen des Tages stapften wir also gegen sieben nach drüben, wo Yvonne einen riesigen Topf Kartoffelsalat auffuhr, plus zwei nicht weniger riesige Pfannen mit Buletten. Beides schmeckte hervorragend, und Ronny servierte uns danach einen ausgezeichneten Weißwein, dem wir nur deshalb eher zurückhaltend zusprachen, weil wir am nächsten Tag weiterschuften mussten. Sehr zu unserer Verwunderung fand das alles übrigens in einem großen, gemütlichen Kellerraum statt, der äußerst maritim eingerichtet war. An der Decke hing ein Fischernetz, an den Wänden Rettungsringe, Signallampen, Leuchtturmbilder und Fotos von kleinen, mittleren und großen Schiffen im Hafen, bei ruhiger See oder im Sturm. Eben alles, was die christliche Seefahrt so an Gedöns, Kitsch, Kunst und Krempel hergibt.

Allerdings liefen im Hintergrund nicht etwa irgendwelche Seemannslieder, sondern Jazzsongs – eine schon etwas eigenartige Zusammenstellung. Meine Vermutung, Ronny wäre mal zur See gefahren, erwies sich aber als falsch. Er war Programmierer und kannte die See höchstens von Rügen her, weil er in der Regel die Berge im Urlaub vorzog, und auch sonst hatten er und Yvonne nur wenig mit dem Meer am Hut.

Und Jazz? Ja, den hatte er schon zu DDR-Zeiten heiß und innig geliebt, Charlie Parker vor allem, und dann knallte oben irgendwo mit aller Gewalt eine Tür ins Schloss. Yvonne verdrehte die Augen.

»Ronny, mach die Musik leiser, sonst gibt's nur wieder Ärger«, sagte sie.

»Ach, ich dachte, ihr wohnt allein hier?«, fragte Claudia.

»Puh. Na ja … mehr oder weniger«, entgegnete Ronnie, der den Sound ein wenig herunterdrehte. Ein Augenblick verwirrenden peinlichen Schweigens folgte.

»Ach was«, antwortete Yvonne und wandte sich dann an Ronnie. »Erzähl es einfach. Die beiden hören es garantiert sowieso noch.«

Und so gerieten wir mitten in eine etwas überraschende Gruselgeschichte, die wir ansonsten eigentlich eher auf irgendeinem der sehr anspruchsvollen deutschen Privatsender im Fernsehen erwartet hätten.

*

Tatsächlich war Ronnys Haus das neueste und modernste in der Straße. Noch keine zehn Jahre alt. Gebaut hatte es ein Kapitän Voss, der vorgehabt hatte, sich hier zur Ruhe zu setzen, und der, wie man hörte, in durchaus vielen Punkten dem Bild entsprach, das man sich so von einem trinkfreudigen Seebären alten Schlages macht – einschließlich weißem Bart und dem Tick, nie ohne entsprechende Kapitänsmütze aufzutreten. Ein Original, das in kürzester Zeit bekannt war wie ein bunter Hund. Der erste Raum, den Voss im Haus herrichtete, war auch besagter Partykeller, in dem wir jetzt gerade saßen. Noch während gebaut wurde, zog er hier unten schon ein, ungeachtet aller damit verbundenen Unbequemlichkeiten. Er feierte eben überaus gern, sodass es auf der Baustelle schon recht hoch hergehen konnte. Seine Daueranwesenheit sorgte womöglich auch dafür, dass das Haus, das eigentlich ein wenig groß für eine Einzelperson war, in ungewöhnlichem Tempo hochgezogen wurde. Voss konnte nämlich, bei aller Feierlaune, auch überaus unangenehm werden und einen äußerst herrischen Kapitän herauskehren, mit dem sich niemand gern anlegte. Selten, aber zuweilen doch, wenn es eben nicht so lief wie geplant.

Und dann – verschwand er ganz plötzlich. Von einer Minute auf die andere. Gerade hatte die Kiesauffahrt gemacht werden sollen, als letzter Akt vor der Fertigstellung. Und plötzlich war der Mann weg, dabei hatte man ihn eben noch vor dem Haus gesehen, wie üblich mit Mütze und ein wenig angeheitert. Man suchte, schaute sich um, ging durch das Haus und das Grundstück ab – kein Kapitän. Vielleicht war er kurz zu den Nachbarn gegangen? Oder eben zu dem kleinen Laden an der Ecke?

Nein, weder noch. Voss schien wie vom Erdboden verschluckt. War er allerdings nicht, wie sich nach Stunden herausstellte. Stattdessen war er unter die Ladung des Kieslasters geraten und hatte dabei sein Leben ausgehaucht. Gerade an dem Tag, als die Bauarbeiten abgeschlossen werden sollten. Tragisch, und ein schwerer Verlust für alle feierfreudigen Nachbarn der Umgebung.

Dass die Erben des Kapitäns hier nicht unbedingt einziehen wollten, ist wohl verständlich. Sie beschlossen also, das Haus zu vermieten. Viel Freude hatten sie an ihren ersten Mietern allerdings nicht. Die berichteten ihren Vermietern von seltsamen Geräuschen im Haus (besonders aus dem Voss'schen Partykeller), von knallenden Türen und davon, zuweilen aus dem Haus ausgeschlossen zu werden. Einer glaubte sogar, den Kapitän höchstpersönlich gesehen zu haben, wie er durch die Küche in den Garten schlurfte.

Zuerst meinten die Erben ja, dass ihre Mieter auf einem etwas abseitigen Weg eine Herabsetzung der Miete erreichen wollten. Dem war allerdings nicht so, stattdessen zogen sie umgehend wieder aus und waren durch nichts davon abzubringen. Genau das gleiche Spiel ergab sich dann bei deren Nachmietern, die es keine zehn Monate im Haus aushielten.

Beim nächsten Versuch der Vermietung stellte sich dann heraus, dass das Kapitänshaus bereits einen gewissen Ruf in der Umgebung hatte. Es fanden sich kaum noch Interessenten, und schon gar nicht für den Mietpreis, welcher der Erbengemeinschaft vorschwebte. Und so ging die Miete in den Keller, währenddessen das recht schöne Haus leer stand. Bis schließlich Ronny und

Yvonne einzogen. Bevor die aber mit den entsprechenden Gruselgeschichten seitens der Nachbarn konfrontiert wurden, machten sie selber die Bekanntschaft mit dem alten Voss. Jedenfalls indirekt, denn wenn der Kapitän etwas nicht ausstehen kann, dann ist es laute Musik, mit Ausnahme von Hans Albers und Freddy Quinn, aber natürlich nur die Seemannslieder. An Charlie Parker und Co., erzählte Ronny schließlich, hatte sich der Kapitän – in Maßen – inzwischen gewöhnt, aber wenn es ihm zu viel wurde, knallten wieder Türen und Fenster, mal im Erdgeschoss, mal oben. Oder er sorgte dafür, dass Ronny und Yvonne aus dem Haus ausgeschlossen wurden, weshalb sie bereits Schlüssel bei Nachbarn hinterlegt hatten. Gesehen hatten sie ihn noch nie, aber zwei, drei Mal tatsächlich unten im Keller gehört. Oder zumindest waren sie sich dessen sicher.

Ich weiß ja nicht, was ich von dieser Geschichte halten soll. Nur ist klar, dass Ronny und Yvonne tatsächlich von ihr überzeugt sind, und darauf kommt es wohl an. Und die eine oder andere Bestätigung dessen hörten wir auch noch durch andere Nachbarn.

Wenn wir die beiden besuchen und dazu, möglicherweise etwas laut, Jazz läuft, knallt allerdings tatsächlich mal eine Tür. Vielleicht bloßer Durchzug, vielleicht auch nicht, wer weiß. Doch, ja – das ist wohl eine Form der Wohngemeinschaft, die einen vermutlich schon so an seine Grenzen bringen kann, wenn man daran glaubt. Ronny und Yvonne allerdings meinten, dass sie ganz gut zurechtkämen, sie hätten sich inzwischen daran gewöhnt und sich auf den alten Kapitän eingestellt, der im Übrigen auch schon nicht mehr so empfindlich wäre wie zu Anfang. Ihrer Vermutung nach ist er ja vor allem deshalb toleranter geworden, weil er doch nicht allein im Haus bleiben will. Sie dürften im Haus auch schalten und walten, wie sie wollten – Änderungen im Partykeller allerdings würden nicht akzeptiert, weshalb sie eben mit einem Partykeller leben müssten, der ihrem Geschmack nur wenig entspräche. Aber auch daran hätten sie sich gewöhnt. Eben alles eine Frage des Leben-und-Lebenlassens … sofern man das hier so formulieren kann.

*

Nur gut, dass bei uns nichts in dieser Art festzustellen ist. Ich möchte gar nicht wissen, wie Simone oder Claudia auf Vorgänge wie diese im eigenen Haus reagieren würden, und ich kann die stählernen Nerven von Ronny und Yvonne so gesehen nur bewundern. Wahrscheinlich würde ich es auch nicht besonders schätzen, wenn ich am Schreibtisch sitzend das Gefühl hätte, dass mir jemand über die Schulter guckt, so wie Ronny zuweilen den Eindruck hat. Der erzählte später übrigens einmal, dass Mikel (unsere erste Maßnahme war natürlich, ihn zurückzuholen), als er auf Besuch bei ihnen war, jemandem um die Beine gestrichen sei, der eindeutig nicht da gewesen wäre. Und diesen Unsichtbaren dann eine ganze Weile noch überaus aufmerksam beobachtet hätte.

Nun ja – Katzen, so heißt es, pflegen ja auch Umgang mit Hexen und Zauberern. Warum dann also nicht auch mit trinkfreudigen, längst verstorbenen Kapitänen. Es sind eben magische Tiere.

25

DER PRINZ AUS ZAMUNDA

Nach ein paar Tagen waren wir dann so weit, unsere neuen Nachbarn abzuklappern. Wenigstens versuchten wir es – scheiterten aber schon an der ersten Gartenpforte, an der ein selbst getöpfertes Namensschild prangte:

»Hier wohnen Andreas und Ulrike Gmeiner-Poppen«.

Was? Wie bitte? Gmeiner-Poppen? Hahaha! Claudia und ich kriegten uns schier nicht mehr ein. Es gibt ja ohnehin hübsche Doppelnamen, dieser aber zählte fraglos zu den fröhlichsten, die uns bisher untergekommen waren. Wir drehten uns lieber ganz schnell weg, bevor uns jemand aus dem Haus bemerken konnte, und gingen wie auf Kommando weiter.

»Gmeiner-Poppen? Das gibt's doch nicht«, keuchte Claudia ein paar Meter weiter und wischte sich die Lachtränen aus den Augen. »Ich meine, Petz ist ja auch nicht ganz ohne, aber – Moritz, wir müssen uns etwas einfallen lassen! Wie sollen wir die beiden denn auf der Straße grüßen? Guten Tag, Frau Gmeiner-Poppen? Guten Tag, Herr Gmeiner-Poppen? Hahaha!«

Okay, okay. Man soll nicht über Namen lachen, und Scherze wie diese sind auf der Humorskala eigentlich ziemlich weit unten angesiedelt. Trotzdem, wir waren halt unvorbereitet und es hatte uns kalt erwischt. Wir kamen uns doof vor, wie Kleinkinder, brauchten aber trotzdem eine ganze Weile, um uns abzukühlen. Und warum trägt man solche Doppelnamen? Vielleicht, um der Mitwelt fröhlich zu begegnen und allen gleich ein Lächeln ins Gesicht zu zaubern? Wer weiß. Aber falls das die Intention war, dann hatte es bei uns bestens geklappt.

Um der Nachnamensfalle aus dem Weg zu gehen, entschlossen wir uns dann zu einer für uns drastischen Maßnahme: Wir würden, obwohl wir da eigentlich eher etwas zurückhaltend sind, zum sofortigen Duzen übergehen.

*

»Guten Tag, ich bin Moritz … und das ist Claudia … Petz. Von nebenan. Wir sind gerade eingezogen und wollten nur mal Hallo sagen«, stellten wir uns dann vor.

»Ach, hallo! Wie nett. Wir hatten ja schon mitgekriegt, dass da jemand Neues eingezogen ist. Ich bin die Uli, und das ist der Andi«, erwiderte dann Frau Gmeiner-Poppen, womit die Nachnamensfrage elegant und geschickt umschifft war. Wir waren sofort alle beim Du. Gott sei Dank.

Im Übrigen wurden wir sofort zu einer Hausführung eingeladen, denn sicher sei uns schon aufgefallen, dass es ein ganz besonderes Haus wäre.

Das zwar eigentlich nicht, sah man von den Solarzellen auf dem Dach ab, aber trotzdem sahen wir uns natürlich gern um und lobten alles, was sich bewegte oder auch nicht, wie es ersichtlich von uns erwartet wurde. Die Lobhudelei und Bewunderung war zwar etwas anstrengend, doch war die ganze Sache wirklich recht spannend und wir tatsächlich ein wenig neidisch, denn die Familie Gmeiner-Poppen hatte ihr Haus ganz auf Öko umgestellt. Alles war antiallergen, heizte sich selbst, entlastete regenerativ die Umwelt, arbeitete mit Biolicht, ließ einen irgendwie nachhaltiger wohnen und gesünder schlafen, entlüftete das Klima und arbeitete mit raffinierten Tricks. Okay, inzwischen war das Gebäude etwas zu Tode gedämmt (aber nicht etwa mit tierischen Produkten wie Schafswolle, sondern mit Kokos!), weswegen man jetzt ein klitzekleines Schimmelproblem hatte, dem man mit Besprechen oder rein biologischen Mitteln noch nicht so ganz beikam. Aber das war sicher auch noch in den Griff zu kriegen.

Die Uli und der Andi waren stolz wie Bolle, und ehrlich gesagt, konnten wir das zum größten Teil ganz gut verstehen, auch wenn uns die strengen Hinweise, es hier und da genauso zu machen wie sie, etwas irritierten. Es ging äußerst dynamisch zu, und irgendwie hatte ich den Eindruck, dass die beiden nicht oft Gelegenheit hatten, ihre, fraglos bemerkenswerte, Errungenschaft vorzuführen.

Jedenfalls waren wir, wie sich schnell herausstellte, in einen gnadenlosen ökologisch-veganen Haushalt geraten.

Und so zogen die Uli und der Andi überdies auch ihr eigenes Gemüse – allerdings, wie ich in einem hinteren Eck sah, nicht nur das, sondern auch ein paar andere, durchaus interessante Pflanzen, die eigentlich auf dem Index stehen. Aber natürlich taten wir so, als entginge uns das völlig.

Doch, die beiden waren zu Anfang durchaus nett, und dieser Ausflug, abgesehen von Ulrikes Kuchen, der mich an den Sandkuchen aus Sandkistenzeiten erinnerte, wirklich interessant. Vielleicht nur nicht ganz so erfreulich, dass die beiden einen immer missionarischeren Unterton an den Tag legten.

»Ach, ihr habt einen Kater? Habt ihr mal versucht, ihn auf vegane Kost umzustellen?«, fragte die Uli. »Da gibt's bestimmt einige Lösungen. Und hoffentlich trägt er ein Glöckchen, der Vögel wegen!«

»Eigentlich eher weniger«, musste Claudia einräumen, »weil dann die Marder frühgewarnt werden.«

»Was? Er jagt Marder?«

»Ja. Und Ratten und Mäuse. Manchmal sogar Füchse …«

»Die armen Tiere! Das geht doch nicht!«

»Na ja … », mischte sich der Andi ein, »Marder … wenn er sie von unserem Wagen fernhält …«

Aha, dachte ich, beim eigenen Auto wankt die ökologisch-vegane Front dann doch.

»Trotzdem«, sagte die Uli entschlossen, »das mit den Mardern – irgendwie müssten sich die Tiere doch auch so einigen können, oder nicht? Und er könnte ja die Marder mit dem Glöckchen verscheuchen.«

Ich dachte ja zuerst, sie mache Witze. Im Sinne von Katz und Maus, die sich irgendwie auch so einigen und sich zukünftig dann bloß noch freundlich einen Guten Morgen wünschen, wenn sie einander begegnen. Und für einen Moment stellte ich mir noch das

Gesicht unseres Kampfkaters vor, wenn er sich über einen Futternapf mit Lauch hermachen sollte.

Doch die Uli meinte es todernst und versprach sofort, sich einmal wegen rein veganer Katzennahrung schlauzumachen (was ich zwar hochgradig pervers fand, dies aber für mich behielt), worauf sie dann einen Schwenk in die Politik machte und uns dringend davon abriet, Grün zu wählen, weil das ein totaler Postenverteilungsverein geworden sei, der alle Überzeugungen über Bord geworfen habe, seit sich herausgestellt habe, dass die zum Regieren irgendwie nicht ganz so praktisch und bequem wären. Im Grunde sei es bloß noch eine grün angemalte FDP für Gutverdiener, woraufhin sie uns die Broschüre einer radikalen Naturpartei in die Hand drückte, die unter Missachtung aller aktuellen Gegebenheiten irgendwie wieder zurück in die Steinzeit wollte.

Dazu bekam Claudia ein schon älteres veganes Kochbuch, das die Uli nicht mehr brauchte, und irgendwo fand sie dann noch ein altes Weihnachtsglöckchen, welches wir unserem leider irgendwie nicht ganz so lieben Kater umhängen sollten.

Okay, wir sind zugegebenermaßen auch nur sehr mäßig begeistert von Mikels Jagdaktivitäten (die Vögel übrigens ausschließen, sie straft er nur mit tödlicher Verachtung), insbesondere, wenn er seine Beute als Beitrag zum Familienunterhalt mit anschleppt. Trotzdem versuchten wir, der Uli zu erklären, dass diese Glöckchen zum einen die reinste Folter für empfindliche Katzenohren sind, die wenigstens dreimal so gut hören wie Menschen, und zum anderen, dass sie keineswegs Vögel oder sonstiges Getier vor stundenlang lauernden Katzen schützen können. Glöckchen klingeln schließlich erst beim Fangsprung, also dann, wenn's eh zu spät ist. Außerdem scheuchen Katzenglöckchen Bodenbrüter auf, sodass die erst recht zur sicheren Beute werden. Selbst der Naturschutzbund lehnt Katzenglöckchen ab.

Solcher Argumentation war die Uli allerdings nicht zugänglich, denn auch diese Naturschützer waren ihr ganz entschieden zu schlaff, genauso wie Greenpeace und andere Alibivereine. Der Andi allerdings riet dann selber auch von Glöckchen ab; offensichtlich gefiel ihm der Gedanke der Marderjagd doch irgendwie, schließlich sei das ja auch alles Natur, etwa nicht? Sollte man sich da wirklich einmischen? Woraufhin die Uli allerdings erst richtig in Fahrt kam und den Andi erst mal ein wenig zurechtstutzte, da er vom einzig wahren Weg abzukommen schien.

Kurz, wir hatten es, völlig unbeabsichtigt, aber sehr erfolgreich, innerhalb kürzester Zeit geschafft, dass bei der Familie Gmeiner-Poppen der Haussegen schief hing.

So ist es halt oft, wenn es um Grundsätzliches und um Glaubenssätze geht, die mehr oder weniger fanatisch verfochten werden. Nachdem wir auf diese Weise also für allseits gute Laune gesorgt hatten, zogen wir wieder ab, in dem Wissen, dass die Familie Gmeiner-Poppen und wir vermutlich nie wahre Freunde würden. Eigentlich schade, doch egal wie interessant der Hintergrund auch sein mochte, ödet mich – Claudia geht es da nicht anders – Missionarstum in jeder Form entschieden an. Ich lasse mich eben höchst ungern einfach bloß zu Tode quatschen. Allerdings, die ganze Sache sollte noch ein Nachspiel haben.

*

Im Augenblick aber waren wir viel zu neugierig darauf, was uns unsere nächsten Nachbarn bringen würden, die wir jetzt ansteuerten. Irgendwie ist es ja auch ein Abenteuerspiel und der erste Eindruck immer spannend – nicht bloß der persönliche, sondern etwa auch die Gestaltung des Eingangsbereichs. Bei Knechts zum Beispiel sah man als Erstes, wenn man hereinkam, das beliebte Bild eines weinenden Clowns. Da wusste man doch gleich, woran man war.

Diesmal erwartete uns aber kein Clown, sondern das vor langer Zeit ebenfalls sehr beliebte Porträt eines trinkenden Mönchs mit roter Säufernase. Dazu öffnete uns nach einiger Zeit ein sehr gebeugtes Hexlein, das uns misstrauisch von unten herauf beäugte. Wir sagten unser Sprüchlein auf, worauf sie erwiderte: »Hä?«

Wir wiederholten, dass wir die Familie Petz und eben nebenan eingezogen seien.

»Und wo ist Ihr Hund?«, fragte sie.

»Hund? Wir haben keinen«, erwiderte Claudia unsicher.

»Sie hatten doch immer einen Hund! Ist der tot?«

»Nein, wirklich, wir haben keinen Hund …«

»Und wo ist er jetzt? Im Garten?«

»Ich glaube, Sie verwechseln uns. Vielleicht mit unseren Vormietern, die hatten wohl einen Hund. Aber wir sind ganz neu hier eingezogen, und einen Hund haben wir nicht.«

»Ach so. Jaja. Wir hatten ja auch einmal einen Hund. Die Ria. Ein Schäferhund war das. Warten Sie mal, ich hole Ihnen ein Foto von ihr.«

Frau Stein, wie die hutzlige Frau hieß, wandte sich um und machte sich auf den Weg durch den langen, langen, düsteren Flur. Dabei legte sie ein Tempo vor, das einer Schnecke alle Ehre gemacht hätte. Nach etwa fünf Minuten war sie außer Sicht, nach weiteren fünf Minuten erschien sie wieder. Es dauerte dann noch etwas länger, bis sie uns wieder erreicht hatte, in der Hand zwei zerknitterte und ausgebleichte Schäferhundfotos.

»Schönes Tier«, lobte ich automatisch.

»Finden Sie?«, blinzelte sie mich misstrauisch an. »Jedenfalls war das die Ria«, erklärte sie. »Schlau war sie schon. Meinen Mann hat sie geliebt. Kann Ihrer auch Kunststücke?«

Ich gab mich geschlagen.

»Noch nicht«, sagte ich, »aber wir versuchen alles.«

»Die Ria hat ja Pfötchen gegeben. Und Türen auf und zu gemacht. Oder Rolle gemacht. Mein Mann und sie waren ein Herz und eine Seele. Mir ging das etwas weit. Geben Sie bloß acht auf Ihren Mann«, warnte sie Claudia. »Sonst kümmert der sich nur noch um Ihren Hund.«

»Darauf pass ich schon auf«, versprach Claudia verwirrt.

»Mir ist die Ria ehrlich gesagt auf die Nerven gegangen«, fügte Frau Stein sinnierend hinzu. »Immer dieses Gebelle, und wie sie riechen, wenn sie im Regen waren! Hunde schmutzen einfach, lassen Sie sich da nichts von Ihrem Mann vormachen! Aber was soll man machen? Mein Mann war eben ein Hundenarr. Ich mochte Hunde nie und Ria konnte ich erst recht nicht ausstehen. Sie mich auch nicht. Als mein Mann dann heimgegangen ist, hat die Ria es auch nicht mehr lang gemacht. Sie war auch schon alt. Wie alt ist Ihrer denn?«

»Wir haben keinen …«, begann Claudia, beugte sich dann aber ebenso der überlegenen Hartnäckigkeit von Frau Stein.

»Ein Jahr«, behauptete sie resigniert.

»Na, dann haben Sie noch einiges vor sich! Und Sie«, wandte sie sich an mich mit drohend ausgestrecktem Zeigefinger, »sollten sich lieber um Ihre Frau kümmern als um Ihren Hund. Ein Hund ist schließlich kein Mensch! Und Ihre Frau ist ganz entzückend! So etwas finden Sie nie wieder!«

»Das … ähm, ist mir klar.«

»Dann weiß ich wirklich nicht, weshalb Sie Ihren Hund ihrer Frau so vorziehen. Überlegen Sie sich das mal!«

Mit diesem weisen Ratschlag nickte sie und knallte dann die Tür zu.

»Was war das denn?«, fragte Claudia verblüfft.

»Keine Ahnung«, sagte ich, »aber ich überlege gerade, ob wir uns nicht auch noch einen Hund anschaffen sollten. Wenn Frau Stein so darauf besteht …«

»So weit kommt's noch! Dass wir uns der Nachbarn wegen noch einen Hund zulegen.«

Ein seltsamer Auftritt, spaßig und verwirrend zugleich. Von Ronny und Yvonne erfuhren wir später, dass Frau Stein schon auf die hundert zuging, aber durchaus noch selbstständig und klar war, selbst wenn es auf den ersten Blick nicht so schien. Nur war

sie auch irgendwie vom Hundethema besessen. Überall vermutete sie welche und verdächtigte hartnäckig überhaupt jedermann,
einen Hund zu haben, womit sie ganz und gar nicht einverstanden
war. Männer mit Hunden hatten bei ihr prinzipiell nichts zu lachen und durften sich einiges anhören. Wobei sie zu Anfang stets
noch freundlich von Ria erzählte, was sich dann aber schlagartig
änderte. Es traute sich auch niemand, ihr zu widersprechen.

Ansonsten zeichnete sie sich vielleicht noch durch eine besondere Sparsamkeit aus. Etwa, indem sie benutzte Einkaufstüten
zur Wiederverwendung wusch und an der Leine zum Trocken
aufhängte. Und um lediglich die kleinstmögliche Mülltonne bezahlen zu müssen, verbrannte sie ihren Müll im Garten selbst, was
manchmal, vom Geruch her, wenig erfreulich war. Aber so hatte
sie es schon immer gehalten, und ihre Feuerstelle auf einem alten
Rost befand sich direkt bei einer großen, alten Tanne, die nahe an
ihrem Haus stand.

Das allerdings erwies sich als keine kluge Wahl, auch wenn es
lange Zeit gut gegangen war. Dieser Sommer war ausgesprochen
heiß und trocken (der letzte Regentag war der unseres Umzugs
gewesen – auch irgendwie typisch) und die erwähnte Tanne bald
ebenso staubtrocken. Es war dann nur noch etwas Funkenflug
nötig. Nicht etwa, um die Tanne bloß in Brand zu setzen. Nein, der
Baum *explodierte* regelrecht, und die eilig herbeigeholte Feuerwehr hatte einige Mühe, zu verhindern, dass das Feuer auch auf
das Stein'sche Haus übersprang, das allerdings ziemlich angesengt
wurde.

Das war haarscharf, änderte allerdings auch nichts an der alten, lieb gewonnenen Gewohnheit der Frau Stein, ihren Müll auch
weiterhin zu verbrennen. Ungeachtet übrigens der Beschwerden
ihrer Nachbarn über die wöchentliche Geruchsbelästigung. Sie
hörte sich das zwar sehr geduldig an, vermutete dann jedoch wieder, dass da irgendein Hund mit im Spiel war. Schließlich gaben
die Nachbarn resigniert auf und lebten notgedrungen damit. Den

Hundediskussionen mit Frau Stein war eben niemand gewachsen. Wenn man's recht bedenkt, auch eine Strategie.

*

»Aha, Sie müssen die Familie Petz sein, die neuen Mieter drüben!«, meinte der joviale Herr, der uns geöffnet hatte, bevor wir nur ein Wort sagen konnten. »Nehme an, Sie machen gerade eine Vorstellungsrunde? Schriftsteller, nicht wahr? Habe Sie im Internet gefunden. Ehefrau Claudia, zwei Kinder, was? Na, kommen Sie rein, bei mir sind Sie erst mal sicher!«

»G-Guten Tag, ähh, Herr Lehmann«, stotterten wir ein wenig verblüfft. Und wie jetzt, sicher?

»Na, meinen alten Beruf kann ich wohl nicht verbergen, was«, grinste Lehmann und schüttelte kräftig Hände, »Lehmann, Anton, Polizeihauptmeister a.D.!«

Innerlich zuckte ich zusammen. Schlagartig fiel mir Kampfhundschulze wieder ein, und unwillkürlich sah ich mich nach einem Fernglas um. Nicht schon wieder, dachte ich, »Habe Sie im Internet gefunden« …

Ist es denn eigentlich völlig unmöglich geworden, irgendwo anzulanden, ohne einem Kontrollfreak auf die Zehen zu treten?

Dieser hier aber gab sich wenigstens ganz freundlich. Allerdings waren wir inzwischen auch gewitzter als früher. Unser Autokennzeichen gaben wir im folgenden Verhör zwar preis, das war ohnehin nicht zu verheimlichen, machten aber keine näheren Angaben zur Höhe unseres Einkommens und verweigerten auch weitgehend die Aussage, was Freunde und Verwandte anging. Doch zuweilen mischte sich Lehmann, Luise, nach wie vor Hausfrau im Dienst, auch ein und stoppte ihren Männe.

»Hahaha, entschuldigen Sie, alte Gewohnheit!«, sagte er. »Man will ja nur wissen, mit wem man's zu tun hat, besonders unter Nachbarn! Ist auch nicht ganz unwichtig, nehmen Sie nur die alte

Frau Stein, die immerhin allein in ihrem Haus wohnt. Unter uns, ich glaube ja, sie überlebt uns noch alle. Wen die schon hat kommen und gehen sehen! Aber auf jeden Fall trägt man da schon Verantwortung, auch wenn sie den Maxi nicht mag.« Er kraulte seinen Terrier.

»Aber natürlich«, fuhr er dann fort, »sind Sie schließlich keine Kriminellen! Apropos, waren Sie schon bei den Gmeiner-Poppens drüben?«

»Ja ... schon«, gestand ich vorsichtig, etwas erstaunt über den Gedankensprung. Natürlich fielen mir sofort die verdächtigen Pflanzen ein, die sie sicherlich biologisch, nicht aber gesetzlich korrekt in einem versteckten Eck ihres Gartens anbauten. Wahrscheinlich der Andi, wenn ich es richtig beurteilte.

»Interessante Leute ...«, sagte Lehmann nachdenklich. Ob er etwas ahnte? Gar wusste?

»Kenne sie schon lange, von einigen Demos her«, erzählte er dann. »Natürlich auf unterschiedlichen Seiten. Etwas schwierig, wenn man sich da begegnet und man dann Nachbar ist. Demonstrierten früher schon gegen alles und jeden. Tierschützer und Atomkraftgegner, aber kann man ja auch irgendwo verstehen. Und ist immerhin das gute Recht eines jeden, oder?«

»Das kann man so sagen.«

»Jaja, nur die Polizei muss es ausbaden. Dabei möchte man selbst manchmal mitdemonstrieren, so ist's nicht. Darf aber nicht. Man hat schließlich Dienst.«

»Sicherlich nicht ganz einfach.«

Claudia eierte genauso vorsichtig herum wie ich, wie mir auffiel. Garantiert war ihr auch schon Benno eingefallen.

»Wem sagen Sie das, wem sagen Sie das! Und, waren Sie schon drüben in Afrika?«

»Bitte?« Ich dachte an unsere Billigurlaube in der Türkei oder Italien, aber Lehmann lachte: »Na, nebenan doch! Die Familie Desmond. Deren Grundstück grenzt ja auch an Ihres. Kommen aus

Afrika, Ghana oder Kongo, wenn ich mich nicht irre. Aber ein bisschen eigenartig sind sie schon«, kam er wieder ins Grübeln.

»Inwiefern denn eigenartig?«

»Tja, er behauptet ja, er sei bei der Stadtreinigung. Aber dann so ein Haus? Geerbt haben können sie es wohl nicht. Oder? Und dann noch auffallend viele junge Besucher, immer mal wieder, meistens in Gruppen. Man wird nicht so ganz schlau daraus.«

Es klang, als sei er durchaus entschlossen, das noch zu ändern.

»Dann hat er mir gegenüber noch behauptet, er käme aus Zamunda! Wohl ein Witzbold. Und dieser Vorgarten! Merkwürdig, sollte man gar nicht erwarten. Aber nette Kinder, und niedlich, alle drei. Aber das werden Sie ja alles noch selbst sehen.«

So ging es eine Weile weiter. Er informierte uns auch über Ronny und Yvonne, einschließlich der Kapitänsgeschichte, wobei er auch nicht genau wusste, was er davon halten sollte. Schließlich hätte er in seinen über vierzig Jahren im Dienst auch schon die seltsamsten Dinge erlebt, und manches sei schlicht nicht erklärbar gewesen. Aber das natürlich nur als inoffizielle Stellungnahme.

Zuletzt kamen wir noch, unumgänglich, auf unsere Haustiere zu sprechen. Auch Lehmann machte den unseligen Katzenglöckchenvorschlag, doch erstaunlicherweise zeigten er und Luise sich weitaus aufgeschlossener als die Uli, was diesen Punkt anging. Aha, das habe man gar nicht gewusst, nein, dann natürlich kein Glöckchen! Sorgen mache er sich nur, was ein mögliches Aufeinandertreffen von Maxi und Mikel für Folgen haben mochte. Maxi sei immerhin ein Jagdhund, da müsse Mikel wohl vorsichtig sein. Wir erzählten unsererseits lieber nicht, dass Mikel Maxi vermutlich eher zum Dessert nehmen würde als anders herum.

Tatsächlich aber täuschten sich beide besorgten Seiten. Auf Grund welcher Laune der Natur auch immer ignorierten sich die beiden völlig. Wenigstens zu Anfang, um später einträchtig nebeneinander in Lehmanns Garten in der Sonne zu liegen. Ein Phänomen, da beide mit der jeweils anderen Partei eigentlich nichts am

Hut haben und dazu noch einzelgängerisch veranlagt sind. Doch vielleicht verbindet das auch wieder, wer weiß. Als echter Polizeihund erwies sich Maxi (zunächst vielleicht noch zur Enttäuschung Lehmanns) gegenüber dem geborenen Räuber Mikel zumindest nicht. Doch schließlich waren Kater wie Jagdhund schon nicht mehr die Jüngsten, da wird man vielleicht altersmilde. Als ich später das Foto sah, das Lehmann von den beiden gemacht hatte, dachte ich, dass manche Nachbarn sich davon eigentlich ein Stück abschneiden könnten. Oder?

*

Gespannt waren wir nach den Lehmann'schen Andeutungen und seiner offensichtlichen Verwirrung aber dann schon auf unseren letzten Antrittsbesuch – bei der so »afrikanischen« Familie Desmond. In einem Punkt jedenfalls hatte er aber recht. Ihr Vorgarten war doch etwas ungewöhnlich. Nicht bloß wegen des Fahnenmastes mit der deutschen Flagge – darunter hing, wie ich zufällig erkannte, die Fahne des Senegal. Doch vor allem war der Vorgarten mit Gartenzwergen in allen möglichen Varianten übersät. Offensichtlich sammelte hier jemand, und zwar durchaus ohne Rücksicht auf Verluste. Nahe am Haus etwa standen zwei Zwerge, von denen der eine den Mittelfinger zeigte und der andere den Hintern blankzog. Ein weiterer hatte offenbar Walter Ulbricht als Vorbild gehabt (daneben stand ein Gerhard Schröder, der sich gerade lachend ein Bündel Geldscheine in die Tasche steckte), und zudem gab es noch einen ermordeten Gartenzwerg mit Messer im Rücken. Ein anderer schien einer Superheldenliga anzugehören, während sein Nebenzwerg als Hippie daherkam, wobei er allerdings nichts davon ahnte, dass ein Rockergartenzwerg mit Motorrad von hinten auf ihn zuhielt.

Wir hatten ja schon einige Gärten mit den entsprechenden Zwergen gesehen, aber das hier war definitiv etwas anderes. Doch neben dieser bemerkenswerten Zusammenstellung war der Garten so peinlich geschleckt, dass die Knechts ihre helle Freude daran gehabt hätten. Dass hier auch Kinder wohnten, hätte man jedenfalls nicht vermutet, abgesehen von ein paar Kinderfahrrädern.

Wir klingelten also und sagten dem Mann uns gegenüber unser Sprüchlein auf. Der grinste breit und meinte: »Ah, neue Neighbours? Kommen rein! Trinken Kaffee mit mich! Deutsch Kaffee viel gut!«

Aha. Herr Desmond verschwand in der Küche, nachdem er uns im Wohnzimmer abgesetzt hatte, von dem aus wir einen Blick in einen fröhlich-chaotischen Hintergarten hatten – ein Spielparadies für Kinder, vom Klettergerüst bis zur Schaukel war alles geboten.

»Und was machen Beruf?«, brüllte Desmond von drüben.

Ich weiß ja nicht, wie es Ihnen geht. Ich zum Beispiel weiß zwar natürlich, dass es wenig sinnvoll ist, jemandem mit eher bescheidenen Deutschkenntnissen auch noch mit total reduzierter Sprache zu kommen, als spräche man mit einem Kind. So lernt der andere die betreffende Sprache schließlich nie, wenn das ganze Umfeld auch bloß mühsam radebrecht. Dennoch verfällt man irgendwie automatisch in diesen Modus. Ich konnte mich also nicht entblöden zu antworten: »Ich schreiben Bücher! Schriftsteller! Für Kinder! Und meine Frau arbeiten in Verwaltung!«

Au weia. Claudia verdrehte die Augen, sagte aber nichts.

»Ah, Bücher! Bücher auch viel gut! Wenn Tisch wackeln oder für Regal! Sehen immer gut aus! Aber schwer, schreiben. Jeden Tag Rabotti machen, immer Rabotti, wie Straße fegen mit Wind und Wetter!«, rief Herr Desmond fröhlich zurück. Seltsame Parallele. Abgesehen davon … Woher wusste er das?

»Hab ich das gerade richtig verstanden?«, flüsterte ich nun aber Claudia zu. »Bücher sind gut für wackelnde Tische?«

»Benimm dich und sei nicht so empfindlich«, zischte sie zurück. An einer Wohnzimmerwand stand allerdings ein beträchtliches

Bücherregal in Deutsch und Englisch, wobei die Bücher keineswegs so aussahen, als seien sie bloße Zierde. Vielleicht hätten wir einen genaueren Blick darauf werfen sollen, aber irgendwie nahmen wir das nicht richtig zur Kenntnis.

Derweil kam Herr Desmond mit Kaffee und Tassen zurück.

»Sie haben auch Kinder?«, fragte Claudia das Offensichtliche.

»Oh, ja. Drei. Aber bloß Mädchen«, erwiderte Desmond traurig. »Immer Mädchen, nix Sohn. Wollten Sohn als Erbe. Und ist auch nicht so teuer! Mädchen immer schwierig. Nix einfach. Sie auch Tochter?«

»Ja, und einen Sohn.«

»Ah, Erbe! Und kosten nicht viel?«

»Macht eigentlich keinen Unterschied«, schüttelte Claudia den Kopf, wobei ich mir angesichts des Kleiderschranks unserer Tochter allerdings nicht ganz so sicher war. Doch gut möglich, dass Jan dies mit Computerspielen wieder ausglich.

»Und Sie sein ganz neu hier?«, fragte Desmond.

»Ja, kaum eine Woche.«

»Wir hier zwei Jahre!«, erklärte er stolz. »Und nette Neighbour, bloß das eine essen immer Blumen, und das andere Polizist sein viel misstrauisch. Und dürfe kein Hund haben, Hund nix gut hier! Nett, aber strange Neighbours!«

Das war eigentlich eine ziemlich perfekte Zusammenfassung dessen, was wir gerade erlebt hatten. Herr Desmond kam mir allerdings nicht weniger skurril vor, und er bediente auf schon fast verdächtige Weise alle Vorurteile, die man irgendwann mal eingeimpft bekommen hat und gegen die man dann zeitlebens ankämpft, schon weil sie einen selber auch wieder einschränken – mal ganz abgesehen von seinen Mitmenschen, denen man, sozusagen automatisch, dann auch nur geringere Chancen gibt. Trotzdem, Desmond schwärmte dann im Folgenden von Deutschland, von viel harter Arbeit, Pünktlichkeit und Disziplin, und schien sich zu bemühen, noch ein bisschen deutscher als deutsch zu sein, während wir unwillkürlich versuchten, die Dinge zu relativieren, was bei dem allgemeinen Radebrechen nicht ganz einfach war.

Ich musste bei all dem daran denken, wie sich eigentlich die Deutschen selbst sehen, und da sieht's ja etwas finster aus. Ein entspanntes Verhältnis zu uns selbst haben wir eher nicht. Wir halten uns für pessimistisch, denken über uns, dass wir allzu gern jammern (da allerdings kriegen wir auch häufig Zustimmung), im Ausland irgendwie peinlich sind (wofür jeder wenigstens ein Beispiel hat) und sowieso meistens schlechte Laune haben. Meist kalt und hässlich eben, geliebt werden wir von den anderen Nationen ohnehin nicht, und dabei hätten wir es doch so gern. Wir sind zwar Lokalpatrioten, das schon. Stolz auf den Ruhrpott, wenn wir von da kommen, auf Köln oder Berlin oder Bayern, wie auch immer. Aber wenn es um das Land selbst geht, sieht das ganz anders aus, und ungehemmte Lobhudelei auf das Land, wie jetzt von Herrn Desmond, berührt uns eher peinlich, selbst wenn's uns zur Abwechslung auch mal freut.

Komischerweise allerdings betrachten uns die anderen Nationen und Nachbarstaaten durchaus anders. Doch, wir sind sogar recht beliebt (glaubt man den Statistiken), und das nicht erst seit der Fußballweltmeisterschaft. Deutschland hat da ein oft überraschend positives Image, während das der USA zum Beispiel ziemlich von ihrem Präsidenten abhängt, was für sich betrachtet auch schon wieder merkwürdig ist.

Ganz so frei ist das Deutschlandbild der Nachbarn aber natürlich auch wieder nicht von der Politik, und wer uns nerven will, fragt gern mal nach, ob Hitler eigentlich noch lebt, oder reduziert uns auf eine zwölfjährige Geschichte, die mal tausend Jahre dauern sollte. In Wirklichkeit also sehen sich die Deutschen selbst negativer, als es die anderen tun, meistens jedenfalls. Vielleicht ist das auch wieder typisch? Dabei ist Deutschland nach einer Umfrage der englischen BBC 2013 zum beliebtesten Land der Welt gewählt worden.

Egal. Ich glaube eher, dass sich solche Bilder sowieso alle naslang wieder ändern. Ein dauerndes Hin und Her, wie bei allen anderen auch.

Derweil plätscherte das Gespräch so vor sich hin, bis uns der freundliche Herr Desmond noch zum Essen einlud. Es gäbe, behauptete er – jedenfalls, wenn wir ihn richtig verstanden – gebratenen Dachs in einer hart gebackenen Termitenschale, die man erst (vielleicht mit einem Meißel?) aufbrechen müsse, was gar nicht so einfach sei. Dazu ein sehr köstliches Schlangenragout und zum Abschluss schließlich Otternasen.

Claudia wurde etwas grün im Gesicht, bemühte sich aber erfolgreich, sich nichts anmerken zu lassen.

Trotzdem – was, bitte? Otternasen? Das kannte ich doch irgendwoher, aus irgendeinem anderen Zusammenhang, doch bevor ich etwas sagen konnte, stürmten plötzlich drei hellauf begeisterte Mädels herein und hängten sich sofort an ihren Papa, der keineswegs einen traurigen Eindruck machte, weil es nur Mädchen waren. Im Gegenteil. Danach erschien Frau Desmond auf der Bildfläche, die mit ihren Mädchen beim Einkaufen gewesen war und einen etwas argwöhnischen Eindruck machte. Allerdings nicht auf uns bezogen, sondern auf ihren Mann, der uns radebrechend vorstellte. Dann verdrehte sie, wie vorher Claudia, die Augen und rief ihren Gatten leicht gereizt zur Ordnung: »Sag mal, Paul, du bist doch nicht wieder mit deiner Straßenfegergeschichte unterwegs, oder? Schlimm genug, den armen Herrn Lehmann zu verwirren, aber das musst du nicht auch noch bei unseren neuen Nachbarn machen. Sie müssen meinen Mann entschuldigen«, sagte sie dann zu uns gewandt, »aber er hat zuweilen den Schalk im Nacken. Manchmal weiß ich wirklich nicht, was ich mit ihm anstellen soll.«

Herr Desmond grinste breit und schloss sich, sehr wortgewandt übrigens, der Entschuldigung an. Wie sich herausstellte, arbeitete er keineswegs bei der Stadtreinigung als Hilfsfeger, sondern war vergleichender Kulturwissenschaftler und überdies Professor, der auch häufiger mal Studentenbesuche bekam, was die verdächtigen Besuche junger Menschen erklärte, die Polizeihauptmeister a.D. Lehmann besonders misstrauisch gemacht hatten. Seine Studenten, erfuhr ich später, schätzten ihn übrigens besonders seines Humors wegen, auch wenn er im Fach selbst knallhart war.

Außerdem stammte Familie Desmond weder aus Zamunda noch aus dem Senegal, aber dafür aus Kiel (Herr Desmond kaufte immer mal wieder verschiedenste Flaggen afrikanischer Staaten, die er abwechselnd aufzog, was Herrn Lehmann nur noch mehr verwirrte). Kennengelernt hatten Paul und Nakeni sich lustigerweise allerdings erst in Rom, heirateten kurz darauf in London, und Imani, ihre mittlere Tochter, war in Kapstadt zur Welt gekommen. Sie kamen schon etwas herum – und in das Straßenfegerspiel war man dann zufällig geraten. Da Herr Lehmann von der ersten Sekunde an unaufgefordert selber radebrechend, ein wenig sehr von oben herab und sofort hemmungslos duzend den Desmonds – na, wie soll man sagen – begegnet? ... war. Und da sich Lehmann offenbar gern bestätigt sah, tat ihm der Herr Professor dann den Gefallen, kam aber nun aus der Nummer nicht mehr heraus. Das belastete ihn allerdings nicht sonderlich.

Eigentlich hätten uns die Lehmann'schen Erzählungen, die seltsamen Gartenzwerge und noch einiges anderes misstrauisch machen müssen, aber vielleicht waren wir nach den diversen Besuchen auch schon zu abgekämpft gewesen. Jedoch, nachdem die erste Verwirrung sich schließlich gelegt hatte, stellten sich Paul und Nakeni neben Rönny und Ywönne als erfreulicher nachbarschaftlicher Lichtblick heraus. Zuweilen treffen wir uns sogar, um dann afrikanisch (wenn man das so sagen kann) zu kochen, wovon die beiden genauso wenig Ahnung haben wie wir. Aber Ausprobieren ist ja alles, und die entsprechenden Rezepte finden sich im Internet. Auch wenn wir dann zuweilen doch noch den Pizzadienst aktivieren.

Letztlich haben sich mit den Desmonds und auch mit Ronny und Yvonne zwar nicht unbedingt Freundschaften ergeben, aber das ist auch ganz in Ordnung so. Womit wir wahrscheinlich auch wieder irgendwie typisch sind, denn die Deutschen halten gern, sozusagen vorsichtshalber, etwas Distanz zu den Nachbarn, und es scheint, die beiden anderen Paare sehen das bei aller Freundlichkeit durchaus ähnlich. Ist wahrscheinlich auch nicht unschlau, denn wie sagt schon ein Sprichwort: *Scheiß nie da, wo du isst.* Was durchaus klug und vielfältig anwendbar ist.

26

KIFFER, KATER, GLÖCKCHEN

Doch, ich weiß. Bei der Recherche zu diesem Buch habe ich mich natürlich ein wenig schlaugemacht, wie erschütternd gruselig es tatsächlich zuweilen zugeht zwischen Nachbarn. Das geht notfalls sehr wohl bis hin zu Mord und Totschlag; da muss nur einer mal falsch geparkt oder den Müll nicht richtig getrennt haben und der andere ein bisschen mies gelaunt sein. So als Beispiel. Dagegen natürlich sind die nachbarschaftlichen Abenteuer der Familie Petz fast harmlos – schlimmer geht's immer.

Das heißt allerdings nicht, dass das, was wir so als Querschnitt erlebt haben, nie weiter belastend gewesen wäre. Wer selbst schon mal richtig im Clinch mit Vermietern oder Nachbarn lag, und das womöglich noch tut, obwohl er es keineswegs beabsichtigt hat und sich wirklich eine schönere Freizeitgestaltung vorstellen kann, weiß, wovon ich rede.

Und wirklich neugierig wäre ich ja mal auf eine Berechnung der medizinischen Kosten, die einfach nur der bloße Ärger und Stress mit Nachbarn so nach sich ziehen, wozu nicht einmal die wirklich grellen Geschichten mit Schlägereien und Ähnlichem zählen müssten. Nein, ich meine hier das stille Leiden unter den Tyrannen von nebenan. Aber wahrscheinlich ist das nicht zu berechnen, obwohl, irgendwie gibt's ja für alles Statistiken und Berechnungen, bloß hab ich da nichts gefunden.

*

Gott sei Dank aber haben sich unsere schlimmsten Befürchtungen, was unseren Nachbarn Lehmann angeht, inzwischen zerschlagen. Okay, er weist uns schon darauf hin, wenn wir versehentlich mal irgendwo im Halteverbot geparkt haben. Doch sozusagen augenzwinkernd, um uns davor zu bewahren, im Falle eines Falles kostenpflichtig abgeschleppt zu werden, was schon etwas blöd wäre. Oder?

Und klar wissen wir, dass da noch ein heißer Draht zwischen ihm und seiner alten Wache besteht, sodass wir dann lieber doch reagieren. Aber mal ehrlich, das ist bloß ein laues Lüftchen gegen einen dauernd herüberspannenden Kampfhundschulze. Gut, hat Lehmann halt einen Tick aus alten Tagen, aber schließlich ist er sonst durchaus freundlich und zugänglich. Man muss halt mitdenken. Deshalb versorgen wir ihn auch im Gegenzug für seine freundlichen Hinweise zuweilen mit den neuesten Nachrichten über die Desmonds. Etwa, dass Paul in Wirklichkeit aus Kap Verde oder so komme und ein nach Deutschland emigrierter Stammeshäuptling sei, der hier ausschließlich von den Elfenbein- und Goldeinnahmen aus seiner Heimat lebe. Während Nakeni in Wahrheit eine äthiopische Prinzessin sei, die nach einem Putschversuch oder einem Vulkanausbruch in ihrer Heimat über eine burundische Partnervermittlung ihren jetzigen Mann kennengelernt habe.

Wirre Geschichten wie diese faszinieren Lehmann, aber zugegebenermaßen guckt er uns inzwischen gelegentlich auch schon etwas misstrauisch an. Vielleicht, weil dann plötzlich wieder die Fahne Nigerias bei den Desmonds weht, oder die Somalias, aber nie die von Äthiopien oder Kap Verde. Komisches Misstrauen. Verstehen wir gar nicht.

*

Blöd war nur, dass Lehmann ausgerechnet kurz nach unserem Besuch bei Familie Gmeiner-Poppen deren heimliche Anpflanzung entdeckte, beim Spazierengehen mit Maxi, wobei er vermutlich mal einen ernsthaften Blick durch die Hecke geworfen hat. Aber das glauben uns die Uli und der Andi natürlich nicht. Vielmehr sind sie der Ansicht, wir hätten sie irgendwie bei Lehmann verpfiffen, was selbstredend nicht der Fall war.

Im Übrigen beließ es Lehmann auch da nur bei einem fast schon gnädigen, überpolizeilichen Hinweis – für ihn, als Ordnungsfanatiker, sicher eine erhebliche Leistung, dass er nicht gleich das Drogendezernat mobilisierte und diverse, schwer bewaffnete Sondereinheiten auf die Gmeiner-Poppens hetzte. Dennoch musste die kleine Plantage nun natürlich weg, mit Stumpf und Stiel, wenn man so will. Ein schwarzer Tag für den Andi, auch wenn er noch mal um Anzeige und Gerichtsverfahren herumgekommen war.

Unser Verhältnis zu ihnen ist seither ein wenig angespannt. Das liegt, neben dieser Geschichte, für die wir, wohlgemerkt, nicht einmal etwas können, auch an Mikel, der eines Tages in unser Wohnzimmer hereingehetzt kam und tat wie ein Satan. Jemand hatte ihm nämlich ein Halsband mit Glöckchen umgebunden, und darauf reagierte er, mindestens schon in seiner natürlichen Katerehre gekränkt (ganz zu schweigen von der Folter), durchaus allergisch. Er rutschte rückwärts über den Boden und versuchte mit allen vier Pfoten zugleich, das blöde Halsband plus noch blöderem Glöckchen loszuwerden, und maunzte dazu herzzerreißend. Gut, er knurrte auch, jaulte und fauchte, was sogar mich beeindruckte. Er war so außer sich, dass er mich, als ich versuchte, ihn zu befreien, fast zu Hackfleisch verarbeitete. Und ein Gefecht mit einem wütend-hysterischen Zehn-Kilo-Main-Coon, dessen Körperfettanteil wohl bei weniger als fünf Prozent liegt, ist wirklich alles andere als ein Spaß, auch wenn das Tier schon ein paar Tage älter ist. Erst, als ich das Halsband herunter hatte, beruhigte er sich wieder und entschuldigte sich danach bei mir mit Köpfchengeben und dankbarem Schnurren, während ich fluchend meine Wunden verarztete. Dankeschön, verdammter Kater! Da versucht man zu helfen, und was kriegt man dafür?

Hinterher sah ich mir das Halsband genauer an. Daran hing, neben dem Glöckchen, noch eine kleine Kapsel. In der wiederum lag zusammengefaltet ein Zettel, auf dem stand: *Lasst mich mein schönes neues Halsband tragen! Und vor allem mein Glöckchen! Rettet die Vögel!*

Das »schöne neue Halsband« selbst war eines der billigen Sorte, die im Notfall nicht aufgehen und woran sich Katzen so prima aufhängen können, dass sie endlos und drei Tage daran ersticken und sich ganz besonders schön zu Tode quälen können. Ganz tolle Idee, wirklich.

Woher die kam, war unschwer zu erraten – und ich, um diverse ausgesprochen tiefe Kratzwunden reicher, kurz vorm Explodieren. Die Uli ist halt unbelehrbar, wie das mit Missionaren so ist. Ich war in dem Moment tatsächlich drauf und dran, zu Lehmann rüberzugehen und ihn zu interviewen, ob ich den Gmeiner-Poppens irgendwie rechtlich eins auswischen konnte, von wegen Tierquälerei, Sachbeschädigung oder etwas in der Art.

Natürlich habe ich mir das verkniffen, der lieben Uli und dem guten Andi allerdings das nächste Mal, als ich sie sah, durchaus nachhaltig den Marsch geblasen. Das kam nicht besonders gut an, zeigte aber Wirkung – besonders der Hinweis, dass sie Mikel eine regelrechte Todesfalle um den Hals gebunden hatten. Das wollten sie dann, natürlich, auch wieder nicht. Aber vor galoppierender Doofheit ist man auch bei dieser Sorte Nachbarn eben nicht gefeit. Doch egal, wie ich mich selbst aufgeregt habe – Mikel selbst hat seine, sicher viel elegantere Katerrache genommen:

Die Gmeiner-Poppens sind inzwischen nämlich die Einzigen in unserer Straße, deren Wagen Marderschäden aufweist. Mikel hat sich deren Aktion eben gemerkt, ist nachhaltig beleidigt und geht nicht mehr zu ihnen hinüber, sodass Marder dort völlig freie Fahrt, freie Pfote und vor allem freien Zahn haben. Was die wiederum, selbst durchaus nicht blöd, inzwischen so verinnerlicht haben, dass sie sich beinahe nur noch, und vermutlich in hellen Scharen, bei den Gmeiner-Poppens herumtreiben. Aber logisch, hätte ich als Marder einen Widersacher wie Mikel, würde ich mich auch auf neutrales Terrain retten und mich dann eben da amüsieren.

Und wer weiß, vielleicht treibt Mikel aus lauter Rache die Viecher ja erst recht auf das Grundstück Gmeiner-Poppen. Zuzutrauen wär's ihm jedenfalls, wenn ich ihn mir manchmal so anschaue und er mir, vielleicht bloß aus Versehen, zublinzelt.

Aber trotz oder vielleicht auch wegen dieser Geschichten, irgendwie haben wir tatsächlich das Gefühl, dass wir angekommen sind. Vielleicht nicht für immer, gut möglich. Man weiß nie, wie's kommt. Aber jetzt haben wir wieder ein ganz hübsches und auch praktisches Zuhause, fühlen uns wohl und kommen, so oder so, mit Vermieterin und den Nachbarn weitgehend zurecht. Das ist gar nicht mal so schlecht. Bei unserem täglichen Hin und Her geht es nur noch, wenn überhaupt, nebenbei um unsere direkten Anlieger.

Und so soll es doch eigentlich sein, oder?

Das sind die besten Nachbarn.

27

EIN KLAVIER, EIN KLAVIER!

Sag mal, Moritz Petz«, empörte sich Claudia eines Tages, »bist du eigentlich von allen guten Geistern verlassen?«

»Wie jetzt?«, fragte ich zurück, mir keiner Schuld bewusst.

»Ich habe zufällig dein Manuskript gelesen«, sagte sie finster.

Soso, dachte ich, rein zufällig. Interessant!

»Ist dir eigentlich klar«, fuhr sie fort, »dass wir jetzt nie wieder umziehen können, falls wir das mal wollen oder müssen?«

»Wieso das denn?«

»Herr im Himmel, lass Hirn regnen!«, ächzte sie. »Hör mal, sobald das veröffentlicht ist, landen wir auf ungefähr einer halben Million schwarzer Listen von Vermietern oder möglichen Nachbarn!«

»Aber so schlimm sind wir doch gar nicht«, entgegnete ich naiv.

»Natürlich nicht, aber du schreibst über sie!«, eiferte sie sich. »Das genügt heutzutage schon! Und Simone und Jan? Hast du mal an sie gedacht? Mein Gott, sie brauchen einen anderen Nachnamen, schließlich werden sie nicht ihr Leben lang bei uns wohnen. Was ist denn, wenn die beiden mal auf Wohnungssuche sind? Und auch noch ausgerechnet Petz heißen? Wahrscheinlich müssen sie später mal in einer Tonne wohnen. Oder in einem Zelt unter einer Brücke. Falls sie da überhaupt etwas kriegen! Hast du dir das mal überlegt?«

»Eigentlich … ähm … nicht so ganz genau«, musste ich einräumen.

»Das ist wieder mal typisch Schriftsteller«, fauchte sie. »Denkt nur an sich und seinen Spaß, aber bloß nicht an die Folgen!

»Aber hör mal«, versuchte ich, Claudia zu beschwichtigen, ehrlich gesagt etwas irritiert von ihrer Vehemenz, »klar habe ich über Nachbarn & Co. geschrieben, aber doch nicht bloß finstere Sachen. Da gibt's schließlich auch anderes! Was sogar mich selbst erstaunt hat. Geb ich zu.«

»Das tut gar nichts zur Sache. Alle werden uns hassen! Makler, Vermieter, Nachbarn. Wenn zum Beispiel Lehmann das liest, die

Sache mit Kap Verde und Nakeni als Prinzessin, oder die Uli und der Andi ...«

»Hm. Ich glaube, da besteht keine wirklich große Gefahr«, hielt ich unverdrossen dagegen.

»Das sagst du! Aber überhaupt«, maulte sie weiter, »wieso hast du eigentlich so ein Geheimnis aus der Sache gemacht und mich nicht gefragt? Ich hätte dir auch ein paar Geschichten erzählen können, aus der Zeit vor dir, und viel interessantere.«

Aha – daher wehte der Wind! Sie fühlte sich einfach ein bisschen übergangen. Was natürlich auch nicht sein sollte, weswegen ich hier noch ein paar ihrer Erlebnisse anhänge. Wobei mich nicht überraschte, dass manches, von dem ich berichtet hatte, auch ihr nicht ganz unbekannt war.

Etwa den Fensterhocker aus dem Parterre in der Kinder- und Jugendzeit (in ihrem Fall ein Herr Schmitz), und auch der war den geistigen Getränken überaus zugeneigt. Als Spezialität allerdings hockte er nicht bloß am Fenster, um schmierig-dummdreiste Kommentare à la »Na, Kleine, wieder auf Männerfang? Kannst es wohl nicht abwarten, was?« von sich zu geben.

(Man fragt sich wirklich, weshalb man unbedingt mit den, vorsichtig ausgedrückt, eher unappetitlichen Fantasien dieser Kategorie Nachbar konfrontiert werden muss und warum die nicht einfach mal die Klappe halten können.)

Aber nein, Schmitz hatte auch stets eine Stahlzwille neben sich liegen, von der er sofort Gebrauch machte, sobald sich ein Hund seinem Wagen, den er stets in Sichtweite geparkt hatte, näherte. Hundeschnüffelei oder gar noch ein Bein zu heben kam da nicht infrage, Schmitz erwischte sie alle – erstaunlicherweise auch ungeachtet seines Alkoholpegels –, was zu einigen wilden Szenen mit den Hundebesitzern selbst führte, ihn jedoch nicht im Geringsten anfocht.

Immerhin hatte Claudia, inzwischen reichlich bedient von seinen anrüchigen Sprüchen, später die Gelegenheit, Schmitz das Mundwerk zu stopfen. Das war, als sie ihn zufällig an einer Bushaltestelle traf, wo er sich gerade über Ausländer, Schwule, Arbeitslose, Alleinerziehende und überhaupt alle erregte, die seiner Meinung nach nichts oder zu wenig zum Bruttosozialprodukt und dem »Gemeinwesen« beitrugen. Früher (auch wieder klar) wäre das natürlich alles viel besser gewesen und Arbeitslager eine ganz tolle Erfindung, die man wieder einführen sollte.

Vielleicht zu seiner nicht geringen Freude und Verblüffung stimmte Claudia aber überraschenderweise mit ein und erregte sich, sie war immer schon ein schauspielerisches Talent, genauso wie er. – Nein, sogar noch mehr!

»Und vergessen Sie nicht«, fügte sie seiner Tirade, scheinbar vibrierend vor Abscheu, hinzu, »die ganzen Rentner! Haben Sie darüber mal nachgedacht? Von denen haben wir doch auch nichts! Liegen uns bloß auf der Tasche, leisten nichts und kosten nur Geld! Für die müsste es doch auch ein irgendwie sozial verträgliches Ableben geben, finden Sie nicht? Mit fünfundsechzig Rübe ab, sag ich immer. Eben Notschlachten! Das bringt uns doch sonst alles gar nichts mehr ein, aber so würden wir wenigstens noch vom Materialwert profitieren!« Dieses perfide Statement ließ dann sogar Schmitz, selber Rentner, den Mund offen stehen, während sie ihm noch wie eine heimliche Mitverschwörerin auf die Schulter klopfte und den nächsten Bus nahm.

Wenn er Claudia später sah, zog er sich fortan nur noch grummelnd zurück und grüßte nicht einmal mehr. Vielleicht fürchtete er, sie hätte ein Beil in ihrer Handtasche zur näheren Prüfung seines Materialwertes, wer weiß. Auf jeden Fall aber hatte sie Ruhe vor ihm, bis sie dann in ihre erste Wohnung zog.

Hier konnte sie gleich zwei unterschiedlich nervtötende Nachbararten bei der Arbeit beobachten. Zum einen den passiv-aggressiven Typus, zum anderen einen etwas offensiveren. Rechts im Parterre also wohnte eine Frau Haller, deren Gewohnheit es war, sich zuweilen einen wütend tanzenden Schlumpf an die Wohnungstür zu hängen, was Claudia zwar bemerkte, aber nicht wirklich darüber nachdachte. Wieso auch, und wenn's der Frau Haller Spaß machte … Oder wären Sie auf die Idee gekommen, dass es sich hier um ein spezielles Signal handelte? Claudia erfuhr das erst, als sie einmal im Treppenhaus von einer Haller'schen Freundin angesprochen wurde.

»Sie«, sagte diese, »sagen Sie mal, ist Ihnen gar nichts bei der Frau Haller aufgefallen?«

»Ähm, aufgefallen? Nicht dass ich wüsste …«

»Ach, nicht dass Sie wüssten. Soso! Da hängt doch ein Wutschlumpf an der Tür!«

»Ja? Schon?«, fragte Claudia etwas unsicher.

»Der Wutschlumpf hängt links oben an der Tür. Das sehen Sie doch, oder?«

»Allerdings, ja.«

»Dann sollten Sie aber auch mal reagieren!«

»Reagieren? Wie jetzt genau?«

»Also hören Sie mal … Wenn der Wutschlumpf links oben an der Tür hängt, sind selbstverständlich Sie gemeint. Sie wohnen doch links oben, oder?«

»Ja, aber was hat das mit mir zu tun?«

»Das heißt selbstverständlich, dass Frau Haller Grund hatte, sich über Sie zu ärgern. Und Sie sollten dann auch mal nachfragen!«

»Nachfragen?«, hakte Claudia verwirrt nach.

»Ihnen liegt doch etwas an guter Nachbarschaft, oder etwa nicht? Dann sollten Sie sich zumindest mal bei Frau Haller erkundigen und sich entschuldigen!«

Claudia erfuhr dann zum einen also, dass der wütende Wutschlumpf ein Signal für eine grundsätzliche nachbarschaftliche Verstimmung seitens der Frau Haller darstellte. Zum anderen, dass sie sich deren Wohnungstür geistig in Quadrate unterteilen müsse. Je nachdem, wo der Wutschlumpf an der Tür hing – links oben, Mitte rechts oder wo auch immer –, meinte Frau Haller, Grund zum Klagen zu haben. Und wie selbstverständlich war sie der Ansicht, dass man sich dann bei ihr zu melden und zunächst einmal zu entschuldigen hätte, um hernach Näheres zum Grund der Verstimmung zu erfahren (um sich dann nochmals zu entschuldigen und vor allem natürlich Wiedergutmachung zu leisten).

Ich weiß wirklich nicht, wie man auf eine so irrwitzige Idee kommen kann, aber bei den anderen Nachbarn funktionierte das Claudia zufolge einwandfrei. Tatsächlich trabten die brav an, falls der Wutschlumpf in »ihrem Quadrat« hing, erkundigten sich, was sie verbrochen hatten, und holten sich ihren Tadel ab. Nicht, dass die Haller etwa die Vermieterin oder Hausverwalterin oder sonst irgendetwas Königliches gewesen wäre. Nein, sie war eine ganz normale Mieterin wie alle anderen auch, kam aber dennoch mit ihrem eigenartigen System und ihrer überbordenden Anspruchshaltung durch. Frechheit siegt anscheinend doch öfter, als man es für möglich halten sollte, wobei es die Haller sicherlich gar nicht so betrachtete. Sie hielt das für völlig normal und für sogar noch freundlich-zivilisiert: Immerhin stellte diese Warnung in ihren Augen ein enormes Entgegenkommen ihrerseits dem schlichten Fußvolk gegenüber dar, bevor sie sich im nächsten Schritt beim Hausbesitzer beschwerte.

Claudia allerdings erwies sich da als irgendwie dickfellig und unflexibel. Ihr fiel es nicht im Traum ein, täglich die Haller'sche Wohnungstür zu beobachten und gegebenenfalls einen Kotau vor ihrer Nachbarin zu machen, was entsprechend übel vermerkt wurde, sodass der Wutschlumpf lange Zeit Dauergast im Quadrat links oben war. Die Haller selbst übrigens, wenn Claudia sie traf, nahm lediglich eine abwartende Haltung ein, nein, von sich aus sagte sie natürlich nichts. Das hätte sich wohl auch nicht mit ihrer Würde vertragen. Und so blieb es dabei, dass im Parterre rechts eine beleidigte Königin wohnte (»Ich kenne meinen Wert!«, war nebenbei gesagt deren häufig geäußerte Lieblingsbemerkung, was an sich schon tief blicken lässt).

Zwischendurch allerdings hing der Wutschlumpf denn doch mal wieder an anderen Stellen, bis er wieder nach links oben rutschte, worauf Claudia ein Freund aus Südamerika aufmerksam machte, der sich allerdings nicht so ganz mit all dem auskannte.

»Ich will ja nichts sagen«, meinte er eines Tages, als er Claudia besuchte, »aber ich fürchte, du hast schon wieder einen Schlüpfer!«

Als Claudia zwei Jahre später wieder auszog, hatte sie noch eine recht hübsche Idee. Sie schenkte Frau Haller zum Auszug einen neuen Wutschlumpf. Diesmal einen zum Aufblasen.

*

So viel also zum passiv-aggressiven Typus Nachbar. Schwieriger wurde es mit Herrn Schindler, der unter Claudia wohnte und zwar andere, aber kaum weniger wunderliche Ansichten hatte als die Haller. Vor allem hegte er die Ansicht, Claudia – schließlich noch ein blutjunges Mädel, was! – irgendwie erziehen zu müssen (womit er gerade an die Richtige geraten war).

Besuche bei Claudia etwa konnte er schon mal gar nicht gutheißen, besonders nicht, wenn sie männlicher Natur waren. Daher sah sich der Herr Schindler genötigt, auch wenn ihm das, wie er anmerkte, unangenehm sei, einzugreifen und Claudia an ihren »guten Ruf« zu erinnern, den sie doch sicherlich nicht verlieren wolle. Oder? Und übrigens, an einem Sonntag das Treppenhaus zu machen, da müsse er sich schon sehr wundern! Ob sie nicht wisse, wie unchristlich dies sei? Er zum Beispiel käme ja gerade von der Kirche zurück, wo sie besser ebenso den Morgen verbracht hätte. Am Sonntag habe man eben nicht zu arbeiten, sondern zu ruhen und auch ein wenig in sich zu gehen.

Genau das empfahl Claudia ihm dann auch, wobei sie anmerkte, dass er es beim In-sich-Gehen sicher nicht allzu weit hätte.

*

Außer dem Erteilen solch weiser, christlich-fürsorglicher Ratschläge kümmerte sich der Mann (der, nebenbei gesagt, nur ein paar Jahre älter als Claudia war) aber auch in anderen Belangen, so etwa um Claudias Briefkasten.

Der quelle ja geradezu über, wie sähe das denn aus! Welchen Eindruck sollten da etwa zufällig vorbeikommende Passanten vom Haus haben? Wenigstens zwei Tage habe sie ihren Briefkasten nicht geleert, wo sie denn gewesen sei? Mehrfach habe er versucht, sie zu erreichen, bei ihr geklingelt und geklopft und sogar noch angerufen! Überhaupt sei es recht mühsam gewesen, ihre Post und Zeitungen aus ihrem Briefkasten zu ziehen. Sie könne sich wirklich bei ihm bedanken, dass er ihr dann auch noch ihre Post hochgetragen und auf die Fußmatte gelegt habe. Das sei immerhin nicht selbstverständlich!

Was Claudia durchaus ähnlich empfand, die beinahe Anfälle bekam, zumal auch noch zwei ihrer Briefe geöffnet waren. Das allerdings, behauptete Schindler, sei wohl beim Herausziehen aus Claudias Briefkasten passiert, da wäre eine scharfe Kante gewesen. Gelesen habe er jedoch selbstverständlich nichts, er sei schließlich nicht neugierig wie gewisse andere Personen (wen er damit meinte, ließ er offen).

Jetzt könnte vielleicht der Eindruck entstehen, dass Nachbar Schindler ein besonderes Auge auf Claudia geworfen hätte. Dem war tatsächlich aber nicht so. Er war durchaus bemüht, auch andere Nachbarn auf den rechten Weg zu bringen und jedwedes – in seinen Augen – Fehlverhalten zu korrigieren, wobei er es allerdings nicht nur bei Ermahnungen und Ratschlägen beließ, sondern sich durchaus auch hilfesuchend an den Hausbesitzer Köhler wandte. (Selbst Frau Haller war von solchen Aktionen nicht ausgenommen, trotz ihrer Würde und ihres enormen Wertes.)

Glück hatte Claudia jedoch insofern, als besagter Hausbesitzer ein Herz für sie hatte und Köhler sowieso ein recht umgänglicher Typ war. Dem war es denn auch eher unangenehm, als er eines Tages vor Claudias Wohnung stand, weil er leider einer Beschwerde nachgehen müsse. Zum einen hätte es da offenbar einen Wasserrohrbruch bei Claudia gegeben, der Herr Schindler habe scheinbar einen Wasserfleck an seiner Decke, und zum anderen spiele sie etwas sehr oft, sehr laut und sehr spät Klavier.

Claudia (wie gesagt, durchaus ein schauspielerisches Talent) fiel aus allen Wolken. Was? Ein Wasserrohrbruch bei ihr? Aber nicht doch! Und Klavier? Herr Köhler könne gern hereinkommen und sich davon überzeugen, dass sie gar kein Klavier habe.

Köhler sah sich also um. In der Küche war natürlich nichts von einem Wasserrohrbruch festzustellen, da Claudia längst aufgewischt hatte. Ihr uralter Kühlschrank hatte sich nämlich verabschiedet und war ausgelaufen, was eine ziemliche Sauerei machte, die sie aber schon erfolgreich beseitigt hatte.

Und Klavier? Natürlich nicht. Nicht nur, dass sie gar kein Klavier habe, sie könne nicht mal Klavier spielen. Dafür hörte sie damals allerdings häufig, wenn sie von der Arbeit kam, klassische Klaviermusik, was sie aber zufällig vergaß zu erwähnen. Köhler nickte verständig, entschuldigte sich und ging wieder.

Weitere Erkundigungen bei Claudias Nachbarn ergaben dann, dass tatsächlich niemand – die enorm wertvolle Frau Haller (!) eingeschlossen – außer Schindler Klavierspielen gehört haben wollte.

So ist das eben, wenn man sich erfolgreich unbeliebt macht und den Nachbarn auf die Nerven geht. Nun hielten alle gegen Schindler zusammen, der plötzlich ziemlich doof dastand, zumal auch der Wasserfleck an seiner Küchendecke bereits getrocknet und so gesehen auch nicht mehr feststellbar war.

Claudia hatte folglich dann noch das Vergnügen zuzuhören, wie Köhler, der sich ein wenig in Rage redete, Schindler rundmachte: Wie er dazu komme, solch haltlose Behauptungen aufzustellen und ihn, Köhler, herbeizuzitieren? Was er sich dabei denke, seine Nachbarn anzuschwärzen? Dann auch noch völlig grundlos? Wo denn bitte schön dieser sagenumwobene Wasserfleck sei, und ob Schindler auch sonst, vielleicht noch irgendwo unterwegs oder auf der Arbeit, Klaviermusik halluziniere, und wie es vielleicht mit einem entsprechenden Arztbesuch wäre? Über ihm gäbe es nämlich gar kein Klavier, und auch sonst niemanden im Haus, der irgendetwas Derartiges gehört habe. Schindler solle ihn künftig gefälligst mit seinen Beschwerden verschonen, er habe jetzt endgültig genug. Im Übrigen könne er froh sein, wenn Claudia keine Gegenbeschwerde führe, Grund genug hätte sie ja wohl.

Das war eine Kerbe, die Claudia sich merkte und erfolgreich vertiefte, nämlich genau nach einem zweiten Wasservorfall. Diesmal stand ein etwas unsicherer Herr Vogt, der unter Schindler wohnte, bei ihr vor der Tür und fragte schüchtern nach, ob Claudia jetzt vielleicht doch irgendeinen Wasserschaden gehabt habe. Bei ihm tropfe es von der Decke.

»Erstens, nein«, sagte Claudia, diesmal wirklich erstaunt, »zweitens können Sie sich gern davon überzeugen, dass hier nichts ist, und drittens, wenn bei Ihnen Wasser durchkommt, dann doch wohl von Schindler her, oder?«

Das denke er sich eigentlich auch, wand sich Vogt peinlich berührt, er sei auch schon bei Schindler gewesen. Der allerdings habe behauptet, dass das Wasser sicher von ganz oben käme, es wäre wohl irgendwie, unter wundersamer Auslassung der Schindler'schen Wohnung, durch die Mauern gelaufen, um dann unten bei Vogt auszutreten. Aber natürlich glaube er ihr sofort, er hatte nur sichergehen wollen.

Nicht zu fassen, auf was für obskure Erklärungen manche Nachbarn kommen, selbst dann, wenn es um Offensichtliches geht. Claudia war nun allerdings wirklich auf hundertachtzig.

Als sie Schindler das nächste Mal begegnete, fauchte sie ihn an, dass von nun an nur noch ihr Anwalt für Schindler zuständig sei, er die Finger von ihrem Briefkasten zu lassen habe, sie gefälligst nicht mehr belästigen und es ja nicht wagen solle, sie weiterhin zu verleumden. Schluss jetzt, es reiche ihr nun genauso wie Hausbesitzer Köhler. Was, als letzte Spitze abgeschossen, durchaus schlau war.

Im Ergebnis – zog Schindler aus. Kaum zu fassen, aber Claudia hatte geschafft, was anderen genervten Nachbarn vor ihr nicht gelungen war, und das auch noch einfach mittels Selbstverteidigung und, zugegeben, ein bisschen Glück. Und sie bekam, allen Ernstes, dafür nicht bloß mündliche Dankesbekundungen, sondern auch noch zwei nette Postkarten, eine Schachtel Pralinen und einen Schokoladenkuchen. Und um das alles noch zu toppen, tauchte der Haller'sche Wutschlumpf fast volle drei Monate nicht mehr im Quadrat links oben auf. Da hatte sich der Einsatz doch wirklich mal gelohnt.

ZULETZT

NACHBARSCHAFTSNOTIZEN

Dieses Buch ist, hoffe ich, vielseitig verwendbar. Zum einen natürlich, falls Sie einen Tisch haben, der gerade wackelt. Zweitens macht es sich vielleicht auch im Regal ganz gut. Drittens wünsche ich mir natürlich, dass es Ihnen etwas Trost zuspricht, sollten Sie den gerade nötig haben, oder Sie wenigstens gut abgelenkt hat. Ich nehme weiter an, dass es vielleicht auch als Geschenk zu gebrauchen ist – etwa für diejenigen, die gerade unfreiwillig in nachbarschaftliche Auseinandersetzungen verwickelt sind. Für böse oder für freundliche Nachbarn, zum Auszug oder Einzug. Oder einfach nur so.

Sollten Sie sich aber von Nachbarn beobachtet fühlen, dann beobachten Sie zurück, falls Sie gerade mal Zeit und Lust dazu haben. Auffällig Notizen machen können Sie sich natürlich auch, und auf diese Weise noch ein wenig die Paranoia Ihres Gegenübers anfüttern. Dazu haben wir Ihnen hier extra ein paar Seiten freigelassen. Wobei es ganz Ihnen überlassen bleibt, den Titel des Buches bei Gelegenheit gut sichtbar hochzuhalten, oder nicht – je nachdem, wie Sie gerade die Lage einschätzen.

Bleibt ansonsten nur zu wünschen:

Auf gute Nachbarschaft!

NACHBARSCHAFTSNOTIZEN

NACHBARSCHAFTSNOTIZEN

DER AUTOR

Udo Weigelt aka Moritz Petz, geboren 1960 in Hamburg, studierte Germanistik und Geschichte. Seit 1998 hat er bei unterschiedlichen Verlagen um die 50 Kinderbücher veröffentlicht, die in 15 Sprachen übersetzt wurden. 2011 erschien beim Verlag Schwarzkopf & Schwarzkopf sein *Warten auf Frauen*. In *Nachbarn!* nun lässt Udo Weigelt erneut sein Alter Ego Moritz Petz zu Wort kommen: Seine Reise durch den Nachbarschaftsdschungel nimmt er mit Humor – oder versucht es wenigstens.

Udo Weigelt
NACHBARN!
Keiner braucht sie – jeder hat sie!

ISBN 978-3-86265-303-4
© Schwarzkopf & Schwarzkopf Verlag GmbH, Berlin
1. Auflage Juli 2013

Lektorat: Maren Konrad
Coverabbildung: © Getty Images (www.thinkstockphotos.de)
Illustrationen im Innenteil: Jana Moskito

KATALOG

Wir senden Ihnen gern kostenlos unseren Katalog.
Schwarzkopf & Schwarzkopf Verlag GmbH
Kastanienallee 32, 10435 Berlin
Telefon: 030 – 44 33 63 00
Fax: 030 – 44 33 63 044

INTERNET | E-MAIL

www.schwarzkopf-schwarzkopf.de
info@schwarzkopf-schwarzkopf.de